MAMA MAPASSA

PARCOURS DE RÉFUGIÉS

Couverture et iconographie :
Alain Cournoyer / alaincournoyer.com

Crédit photo couverture : Élodie Lo Van

4 Impasse des Terres Muniers – 71570 La Chapelle de Guinchay
astrebleueditions@laposte.net
http://lastrebleu-editions.fr

ISBN : 978-2-490021-40-6
Collection Escale
ISSN : 2497-5141

Dépôt légal : Septembre 2024

Sarah Attali
Thierry Lobut

Mama Mapassa

Parcours de réfugiés

Collection Hélium

L'Astre Bleu Éditions

Les hommes naissent libres et égaux en droit.

Article 1er
Déclaration des droits de l'homme et du citoyen

Mes années en tant qu'avocate engagée pour la défense des réfugiés et celle d'enseignante en communication m'ont permis de réaliser à quel point la compassion et la bienveillance étaient indispensables dans un accompagnement vers la résilience, cette faculté permettant de rebondir après des épreuves traumatiques.

La bienveillance pour accueillir, sans jugement, sans a priori, les larmes, les souffrances et les épreuves de la vie, a toujours été le fil conducteur de mon engagement.

Au fil des années, j'ai compris à quel point la bienveillance et l'optimisme avaient le pouvoir, si ce n'est de guérir, de transmettre la force nécessaire au choix d'une nouvelle direction.

Je ne suis qu'un catalyseur. En d'autres termes, mon intervention permet des réactions qui, lors d'une prise de conscience émotionnelle, amènent le cœur à se réconcilier avec les autres, avec soi.

Sarah Attali

1- Avant-propos : Salle C

La CNDA (Cour nationale du droit d'asile) est une juridiction qui statue sur les recours formés contre des décisions rendues par l'OFPRA (l'Office français de protection des réfugiés et apatrides) en matière d'asile. Elle est située à Montreuil, en Seine-Saint-Denis.

Il faisait beau.

Il était facile de se garer, le parcmètre étant devenu hors de prix. Les rues de Montreuil comme celles de Vincennes – je ne voyais pas la limite entre les deux communes – offraient l'animation des jours d'été : terrasses de cafés bondées, activités de fourmilière, commerces très fréquentés, camions poubelles, travaux. Même s'il faisait trop chaud, tout le monde s'activait dans cette banlieue de Paris à l'écart du luxe mais en pleine trépidation. Cet air de vacances qui flotte souvent par ici n'a jamais vraiment atteint ses banlieues est. Dans ces territoires si singuliers – complètement urbains mais toujours excentrés – des existences très particulières et toujours différentes se côtoient : de vieux retraités nés au Maghreb sourient aux commerçants chinois, des cadres pressés rentrent chez eux en poussant un landau.

J'ai facilement trouvé le bâtiment bien fléché : Cour Nationale du Droit d'Asile. Cette juridiction se présente comme la gardienne de ce droit. C'est là qu'ont lieu les audiences, dans une des trente-deux salles identiques, baptisées par de simples lettres. Chacune fonctionne toute la journée, la compétence de cette Cour étant nationale.

Des vigiles me demandent sans attendre la réponse si je viens pour assister, je dis oui. Il y a bien sûr une fouille de sac, un portique, ma vapoteuse est provisoirement confisquée, des affiches invitent au silence.

On rencontre quatre types de personnages au travers de couloirs et de salles d'attente dont la froideur rappelle les lycées des années 70 : les requérants, leurs avocats, les juges ou leurs assesseurs accompagnés de rapporteurs, et les interprètes.

Les premiers attendent leur audience, fébrilement. Ils ont pu la préparer avec leur avocat dans un box dont l'aspect provisoire indique la rapidité des procédures.

Ils sont entre deux eaux : l'OFPRA a rejeté leur demande d'asile, ils contestent la décision qui devient de fait une affaire judiciaire. Ils sont hébergés dans un « Centre d'Accueil de Demandeurs d'Asile » situé aléatoirement à Grenoble ou à Tours ou n'importe où en France.

Les interprètes vont également assister les requérants. Ils ont un rôle clé : certains demandeurs vont formuler leur histoire dans une langue avec toute sa subtilité, ses images et ses nuances, alors qu'ils sont en situation de stress et suspectés d'arranger cette histoire, voire de mentir. Ils font de longues réponses – l'interprète va synthétiser avec plus ou moins de discernement – écoutés qu'ils seront par des juges ou des assesseurs dont l'attention est réelle mais qui souvent se perdent dans ce qui apparait incohérent, voire impossible. Ils ne rechercheront pas le chemin de cette complexité, il faut avancer, vite. Entre la parole émise et l'idée entendue, il peut y avoir une distorsion flagrante, quelles que soient les bonnes volontés des uns et des autres. En général.

On nage en eaux troubles dans un contexte fluctuant au milieu de lois changeantes que n'accepte pas une population française devenue hostile.

Sarah m'interpelle au milieu de la salle d'attente. Elle connait tellement bien l'endroit – sa deuxième maison – qu'elle peut me décrire son histoire en moins de cinq minutes avec une précision d'horlogère. Elle a cette facilité des gens brillants à rendre simple ce qui est complexe, jusqu'à vous faire croire que vous comprenez vite. Elle est fluide, elle répond à mes questions avant que je ne les pose et si je ne comprends pas bien, elle le sent avant que je ne le dise et par son élégance naturelle, elle m'explique à nouveau, descendant à mon niveau avec la même facilité qu'elle pourrait avoir dans une situation très pointue.

Son requérant me salue avec un grand sourire. Elle me restitue son parcours en quelques mots alors que l'histoire est proprement extraordinaire. Elle s'interrompt pour un salut discret à une consœur, revient à son dossier et réfléchit sans plus rien dire.

Quand j'ai évoqué à Sarah l'idée de retracer son parcours au travers de quelques cas, elle ne souhaitait pas se mettre en avant. Je lui ai quand même demandé de me parler d'elle et les souvenirs ont jailli comme seules les odeurs de l'enfance peuvent renaître :

De tous mes souvenirs, c'est celui de ma grand-mère faisant fondre du sucre qui me revient en premier, ses rires et son regard espiègle.

Nous avons parlé de voyages, de Paris, de notre jeunesse dans ces décors qui n'ont peut-être pas tellement changé.

Je la laisse travailler avec son client et rentre dans une salle – la salle C – où a déjà commencé une autre audience en attendant la sienne qui aura lieu au même endroit.

La rapporteure est en train de lire l'histoire supposée et les questions que se pose l'administration au sujet de Mohamed.

Mohamed est venu de Sierra Leone. Pour l'avoir attrapé en cours de route, je n'ai pas très bien compris son parcours supposé. Il serait homosexuel, ce que son pays condamne de fait. Il aurait suivi un autre homme, déjà réfugié mais dont on est sans nouvelles, un supposé défenseur des Droits de l'Homme...

Le président lui demande s'il est bien marié avec trois enfants, ce qui jette brusquement une ombre au tableau. Il répond à « la Cour » que le mariage a été arrangé.

Un assesseur relance avec un sourire entendu au coin des lèvres :

« Votre relation avec monsieur X, c'est pour le sexe ou c'est de l'amour ? » avant d'ajouter : « Comme on le sait, les histoires d'amour finissent mal ! »

Les réponses sont longues, l'interprète ne prend pas de notes, je ne comprends pas très bien ce qu'il raconte, on s'y perd.

On s'y perd mais on ne cherche pas à s'y retrouver. Le président, dont la voix trop faible oblige à de nombreuses répétitions, fait comprendre qu'on a déjà entendu cette histoire mille fois. Il donne la parole à l'avocat de la défense.

Celui-ci ne prend pas le temps de s'insurger sur le caractère désobligeant voire insultant des questions, il préfère s'amuser avec un jeu de citations :

« Monsieur l'assesseur évoque les Rita Mitsuko car oui, les histoires d'amour finissent mal, mais il oublie la fin : en général ». Et de citer une autre chanson que j'ai oubliée.

Sa courte plaidoirie consiste à dire : « On ne sait pas, on n'y était pas, c'est peut-être vrai cette fois-ci... ». Il est content de lui, le tribunal s'est bien amusé.

Voilà le premier paradoxe.

Les requérants sont devenus des accusés face à une Cour correctionnelle. À la différence qu'il n'y a pas eu d'enquête – beaucoup de juges ou d'assesseurs ne connaissent pas le dossier –, pas de témoins, pas d'expertises. On tranchera sur une statistique, un sentiment, une incompréhension, une parole heureuse ou non selon l'interprétation, donc selon l'interprète.

Pour autant, l'implication de l'administration est réelle, un assesseur vient du Conseil d'État, l'autre du Haut-Commissariat aux Réfugiés. Le rapporteur a pris le temps pour chaque requérant de résumer son passage à l'OFPRA, de lister les questions que nous pouvons nous poser à chaque cas.

Le travail est fait, mais est-il possible d'envisager objectivement, gravement et sereinement, chaque situation ? Comment leur reprocher le poids de l'habitude, la submersion du nombre ?

Le second paradoxe est plus lourd.

Une femme, Mariama, est venue en France en demandant le statut de réfugiée sous un prétexte abracadabrantesque. Le juge lui demande comment vont les enfants, l'école, ... Elle craque et la Cour comprend qu'elle est venue en France pour soigner son enfant gravement malade. Ce n'est pas un motif d'asile, sa demande sera rejetée, elle doit partir.

Dans quelle société vivons-nous pour que l'application objective d'un texte raisonnable soit la condamnation à mort d'un enfant ?

Affaire suivante. Sarah entre avec son client.

Ce requérant est interrogé sur son parcours : une histoire de dingue. L'assesseur ne va pas le lâcher.

Simao et sa sœur ont fui la République Démocratique du Congo après des menaces de mort.

Il travaillait à l'aéroport de Kinshasa. Petit employé pistonné par son père, il est amené à faire visiter l'aéroport à un groupe scolaire, « un petit groupe de cent vingt enfants » … À la sortie, on s'aperçoit qu'il en manque deux. Il part les rechercher, s'arrête dans un hangar où il prend un sandwich et s'aperçoit de la présence d'un 4x4 suspect à cet endroit. Il s'approche et voit les deux enfants endormis et ligotés à l'arrière. Il ouvre une vitre par effraction, prend les enfants et les emmène chez sa sœur.

Ils reçoivent des appels téléphoniques, on les menace de mort, ils finissent par s'enfuir.

La criminalisation est en marche, les questions fusent. Je les liste de mémoire :

- Pourquoi faire visiter un aéroport à des enfants de trois ans ?
- Pourquoi n'avoir averti personne ?
- Pourquoi ne pas appeler la police ?
- Pourquoi ne pas regarder la bande des caméras vidéo de surveillance ?
- Comment avez-vous eu un passeport de complaisance ? Où est-il ?
- Pourquoi, madame, ne connaissez-vous pas les prénoms

des deux enfants ? lance-t-il à la sœur de Simao.

Toutes ces questions sont pertinentes, sûrement. Elles relèvent d'une enquête que cette juridiction « correctionnelle » improvisée n'a pas les moyens de mener. L'assesseur du Conseil d'État (le même que dans le cas précédent) insiste :

« Ce sont des questions claires, il faut des réponses claires », ajoutant, on ne sait pourquoi : « Oui, on sait que Kin est une grande ville », histoire de dire qu'il est allé plusieurs fois à Kinshasa et que « il connait, on ne la lui fait pas ».

Je me dis que l'affaire est pliée, aucune chance.

Sarah intervient, hors procédure, pour dire qu'il n'est pas nécessaire de stresser son client, que cela ne servira pas la vérité. Une joute s'engage, que le président laisse courir dans ce conflit d'autorité :

« Vous n'avez pas la parole, Maître, je pose mes questions.

— J'ai assez d'expérience pour vous signaler, monsieur l'assesseur, qu'il vous est possible de poser toutes vos questions sans harceler mon client ».

Bref, l'assesseur continue, pensant avoir emporté le morceau. Sarah a gagné, son but intermédiaire est atteint, le procureur improvisé va se calmer, il sera même plus indulgent maintenant que tout le monde sait qu'il est le meilleur. La subtilité lui a échappé pour sauver son ego.

Vient la plaidoirie de Sarah. D'un revers de main, elle balaye les questions que je croyais être des montagnes infranchissables. Elle raconte les écoles privées et onéreuses de « Kin » où il faut bien justifier d'activités pour les enfants, les passeports qu'on rend à Roissy à toute personne qu'on identifie à l'Agence Nationale de Renseignements de la République Démocratique du Congo, la peur qui est partout, la police bien sûr bakchichée, la modestie de l'emploi du requérant et le trauma des enfants qui évidemment ne diront rien.

De là, elle élargit le sujet : il existe des réseaux pédo-criminels en RDC, c'est un fait. Les plus hautes autorités sont complices d'agissements ou de silences, des rapports sont consultables (elle a travaillé, pas eux) montrant son classement lamentable dans la liste des pays d'Afrique concernant la protection des enfants. Quitte à faire un procès, elle fait celui du système. Toutes les chances reviennent à la lumière du soleil de cette journée d'été.

Verdict le 22 août.

La salle C se vide, Sarah me dit qu'il y a moins de monde qu'habituellement. Je récupère ma vapoteuse, retrouve l'activité bruyante de Montreuil – ou de Vincennes, je ne sais jamais. On sent les vacances arriver jusqu'ici finalement.

Ce qui suit est le récit de Sarah, avocate, celle que nombre de ses clients appellent « Mama Mapassa ».

Thierry Lobut

2- Ester : Le Tableau

J'ai bien sûr demandé à Sarah de bien vouloir me parler d'elle. Elle n'y tient pas. Elle évoque sa mère, « une lionne protectrice et engagée », retient la volonté familiale de soigner, de mettre des mots pour apaiser. Mais Sarah a déjà intégré cette volonté de l'avocate qui a toujours été en elle de comprendre, de traduire.

Elle oriente la discussion sur sa méthodologie, sur l'essentiel de son travail : trouver les mots pour son client ; trouver d'autres mots en lisant les gestes et les yeux, l'attitude ; être une passerelle entre la souffrance et le juge afin que celui-ci « entende ». Elle reformule mille fois une histoire décousue, incohérente, fait ressortir le mal qui ronge son client pour qu'il s'en débarrasse d'un souffle : « Oui, c'est ça ».

Sa mère lui a offert le goût de la justice en même temps que la vie et le sens qu'elle doit prendre.

Au milieu d'une pile de dossiers, alors qu'elle songeait à une multitude de cas susceptibles d'ouvrir nos entretiens, Sarah m'a spontanément parlé d'Ester.
J'ai senti le bateau bouger, le voyage avait commencé.

Tout en me commentant les points de procédures, Sarah

m'a expliqué ses méthodes, décrit ses rencontres. D'anecdotes en points de droit, nous avons fait des allers-retours, comparé des situations, et sommes revenus à Ester. Nous avons reformulé des passages que cette « requérante » a eu beaucoup de mal à livrer et que Sarah résume facilement grâce à une mémoire étonnante.

Je lui demande si, après le jugement, elle conserve un lien avec ses clients :

« Non, on a besoin d'oublier son bienfaiteur ».

Partons dans le récit de cette jeune femme guinéenne. Il a fallu, pour le restituer, commencer par le remettre dans l'ordre. Il faut saisir qu'au fur et à mesure d'une confiance qui s'installait entre Ester et son avocate, des cris silencieux sont apparus comme des signaux éclatants mais furtifs, comme un nouvel appel à l'aide.

Ester, elle non plus, ne voulait pas spontanément parler d'elle. Sarah a dû commencer par lui dire qu'elle en avait le droit, qu'elle était là pour la défendre, et donc pour l'écouter. Comprenant qu'un temps lui était offert, Ester a pris sa respiration comme si elle craignait que ne ressurgisse la douleur. Et elle a parlé.

Sa mère pleurait.

Ester n'entendait rien, elle n'était plus que souffrance. Son père continuait à la frapper. Elle entendait ses frères hurler qu'elle était la honte de la famille. L'autre homme ne disait rien. Il ne souriait pas, il restait sans bouger, sa main cachait sa bouche en frottant son menton, il se demandait s'il avait fait une bonne affaire. Voici, résumé, ce qu'elle dit.

« Ma mère pleurait encore, en silence. C'est ce silence que

j'entends. Je savais que j'oublierais mes frères et que les coups de mon père s'arrêteraient, je savais que je devrais combattre cet homme qui semblait réfléchir et que je quitterais un jour.

Mais je ne pourrai jamais vaincre le silence de ma mère, je ne pourrai jamais assécher ses larmes.

Je lui en veux. J'essaie de lui pardonner quand je marche dans les rues, j'essaie de lui sourire en l'imaginant près de moi, en lisant ce tableau où je cherche mon nom. Je pense que mes larmes sont les siennes.

Alors je la déteste. Je réalise, au sens propre, c'est-à-dire que je prends conscience de la consistance de ces larmes. Ce sont les miennes et je n'arrive pas à savoir si ce sont des larmes de joie ou des larmes de tristesse, si je me noie dans le passé de la souffrance ou si je suis éblouie dans la lumière de l'espoir.

Au départ, j'ai bien pensé fuir ma famille. Je voulais étudier, j'ai toujours aimé lire. Quand je marchais dans Conakry, je voyais les grands sortir de l'école et je rêvais d'être au milieu d'eux. J'aurais été moi-même à ma place.

Nous allions vers le Favela Grill, non pour y déjeuner bien sûr, mais parce que mon père discutait avec des hommes, « des collègues » disait ma mère. Je ne comprenais rien de ce qu'ils échangeaient en parlant fort ou avec les mains. J'avais l'impression que ça durait des heures et j'attendais qu'on passe au jardin botanique où je pourrais peut-être jouer.

Je ne savais pas que ce serait pour mon plus grand malheur.

Une des connaissances de mon père est venue dans notre village, à une heure de Conakry. Je trouvais qu'il me regardait bizarrement, un sourire que je n'aimais pas me transperçait comme s'il lisait mes pensées pour s'en moquer. Je l'avais déjà remarqué à Conakry, il était l'un des plus vieux de ceux qui s'attroupaient pour discuter, pour négocier.

Il est revenu plusieurs fois, il voulait parler avec moi. J'étais glacée jusqu'au fond de mon ventre, j'attendais qu'il parte. Mais il restait de plus en plus longtemps, apportant un jour à manger, un jour à boire, se rapprochant de plus en plus de moi, à table ou dans le séjour. Il venait littéralement se coller à moi, je sentais son souffle, son odeur. Pour la première fois, j'éprouvais un sentiment qui n'allait plus jamais me quitter totalement : la peur.

J'essayais d'imaginer le pire, et pour me rassurer, je me disais : « ça n'arrivera pas ».

C'est arrivé. Et c'est encore pire. »

J'arrête le récit relaté par Sarah pour noter son émotion retenue. Je prétends savoir à quoi elle pense, peut-être même un peu de ce qu'elle ressent : la torture joue toujours avec la durée. Ça n'en finissait pas, ça ne faisait que commencer.

J'ai repensé à Ester, bien après le récit que Sarah a reconstitué. Cette histoire m'a fait songer à un article d'un psychiatre qui expliquait que l'esprit humain ne cherche pas la vérité : il cherche à se protéger.

Vous n'admettrez pas vraiment ce qui suit comme la vérité. Vous accepterez de voir Ester en victime, vous aurez de la compassion, vous penserez « Oh ! la pauvre » mais vous l'oublierez dès que possible. Vous vous protégerez d'elle. Vous vous direz que ce qui est arrivé est impensable, certains affirmeront même que nous sommes des sauvages. La vérité vous restera impalpable, incompréhensible, à vous comme à moi.

Vous penserez peut-être aussi que la misère de ses parents, si elle n'explique pas tout, les a conduits à des comportements inqualifiables. Et comme vous êtes honnête, vous vous direz que vous ne pouvez pas savoir ce qu'elle a ressenti. Et c'est tant mieux pour vous.

D'ailleurs, que peut-on ressentir quand on continue le récit d'Ester et qu'on entend :

« Mon père m'a vendue.

Oui, j'ai essayé de m'enfuir. Ce sont mes frères qui m'ont rattrapée et c'est là que mon père m'a fouettée.

Je n'étais plus que douleur et peur. La torture est aussi un isolement. Je suis restée deux jours enfermée dans une cabane, sans manger. Je pensais que j'allais mourir. Seules mes larmes me rappelaient que je vivais encore.

À peine sortie, j'ai été emmenée dans la voiture de l'homme. Je l'ai vu donner de l'argent à mon père qui le remerciait pour tous ces « cadeaux ». Ils ont encore échangé des colas, je ne bougeais pas. Mes frères riaient et adressèrent un salut très respectueux à l'homme.

Je ne peux pas dire si le trajet a duré longtemps ou non, le temps n'avait plus beaucoup d'importance. Quand on est arrivés dans sa parcelle, les co-épouses de l'homme étaient là. Il m'a emmenée dans une chambre. Il m'a dit de ne pas m'inquiéter mais comme je me débattais, il m'a arraché mes habits, m'a poussée contre le mur et m'a pénétrée. Je hurlais de terreur et de rage. Il a alors mis sa main sur ma bouche, et comme je l'ai mordu, il m'a giflée.

Il m'a violée durant plusieurs jours. Tous les soirs je

l'entendais rentrer, marcher lentement, donner des ordres à ses femmes et aux enfants, puis entrer dans ma chambre.

Chaque nuit, j'ai espéré une délivrance mais chaque nuit, j'ai fait des cauchemars. Ils continuent, encore et toujours. Je vois ses énormes mains sur ma bouche, son regard mort, je sens son odeur écœurante.

Quand il n'était pas là, les co-épouses me traitaient comme une esclave. Elles étaient jalouses de ma jeunesse et me disaient que mon ventre était pourri, que je ne pourrais jamais enfanter.

J'ai supporté les humiliations et les viols répétés pendant presqu'un an. J'étais en enfer. »

Au fur et à mesure du récit d'Ester, je mesure toute la difficulté de l'avocate qui doit traduire dans le langage du droit ces émotions et l'indicible. Je sais que je ne pourrai jamais comprendre une souffrance telle qu'Ester l'a vécue au plus profond de sa chair, et les juges éprouveront la même et terrible impossibilité. Comment pourront-ils joindre un appel évident à l'humanité et un texte de loi par nature très restrictif ?

« Oui, mon cauchemar à cet endroit a duré un an. Les épouses comptaient l'une sur l'autre pour me surveiller et leur négligence, leur mépris et la force de l'habitude ont eu raison de leur attention. Dès que l'occasion s'est présentée, je me suis enfuie.

Je me suis levée sans réfléchir, j'ai marché pour rejoindre la route, un bus m'a ramassée sans rien me demander et m'a conduite à Conakry. Le soir tombait, je savais la ville dangereuse. Je restais prostrée, sans avoir imaginé qu'il me fallait aller quelque part, sans avoir rien préparé.

Une dame m'a vite remarquée. Elle m'a juste dit de la suivre. Je n'avais pas d'autre choix. Elle m'a demandé d'attendre au pied des escaliers de son immeuble qui donnait sur la Corniche nord, près du Sirena Market. Elle est revenue avec un paquet de chips et une bouteille d'eau, je ne sais pas si je l'ai attendue cinq minutes ou une heure. Elle avait aussi des clés pour m'ouvrir une porte au rez-de-chaussée, une espèce de garage à vélo avec un matelas gonflable. À nouveau, elle m'a dit d'attendre, j'ai mangé et bu. Elle m'a demandé qui j'étais, d'où je venais. J'ai essayé de raconter mon histoire mais elle écoutait à peine. Je me suis endormie, pour une fois sans faire de cauchemars, sans remarquer qu'elle m'avait enfermée.

Le lendemain matin, alors que j'entendais la porte se déverrouiller, elle m'a souri :

« Écoute petite, j'ai une chance incroyable pour toi, tu peux partir dans trois jours. Tu vas aller en France, à Paris. Jolie comme tu es, tu vas vite y trouver un mari. »

Elle m'a proposé de l'accompagner faire des courses. Je ne disais rien mais pour la première fois je me demandais ce que serait mon avenir. Je pensais à ma mère, je ne voulais plus rêver, juste réfléchir. Comment trouverais-je un mari ? Comment pourrais-je étudier ? De quoi devrais-je vivre ? Que dirais-je à ma mère ? Je ressentais la peur refluer, se transformer en une vague inquiétude. Il m'était possible d'espérer, quelqu'un venait de me le dire. Une promesse flottait dans mon esprit comme les odeurs de la mer qui venaient balayer l'atmosphère saturée du marché où la dame discutait en même temps avec un marchand et avec un inconnu au téléphone. J'ai juste entendu qu'elle lui répétait : « Oui, Orly, c'est ça, mercredi soir à Orly ».

Une caractéristique de la torture est la surprise. Elle me guettait.

Et je n'étais pas si inquiète quand nous avons pris l'avion ensemble. J'étais déjà dans un autre monde, avec un faux passeport.

À Orly, un homme nous attendait. La dame m'a confiée à lui et a disparu aussitôt dans une foule bruyante. La première chose qui m'a étonnée était de voir des hommes, des femmes et des enfants tous blancs !

J'étais épuisée, le vol avait duré plus de six heures, je n'avais pas dormi en contemplant la mer de nuages, je me disais : « Voilà ! ce sont les jardins du ciel ». En revenant sur Terre, j'avais l'impression d'une autre planète, j'avais déjà froid.

L'homme m'a dit de ne pas m'inquiéter. On a pris un bus puis le métro. Je n'avais jamais vraiment imaginé ces univers souterrains, ces immeubles parfaitement rangés. L'homme semblait gentil et rassurant. On est sortis du métro, je ne sais pas exactement où. On est arrivés devant un petit immeuble. Dans l'appartement, il n'y avait pas grand-chose : un lit, une table, une armoire. »

À cet instant, l'espoir l'a trahie.

Sarah m'avait prévenu. Les réfugiés sous-estiment leurs

récits, ils craignent de ne pas être crus, si ignobles peuvent être les hommes qu'ils croisent. Ils veulent l'asile, pas la pitié.

Le rôle de Sarah est de servir de pont, de traduire un récit désordonné en argumentaire. C'est ainsi qu'elle doit commencer par recueillir dans son écoute active toutes les émotions, pour y discerner les faits qu'elle pourra présenter à la Cour. Elle doit s'accrocher, le métier d'avocate en la matière est de la haute voltige : il s'agit de tenir debout dans un ascenseur émotionnel toujours inconnu.

« Dès qu'il a eu fermé la porte de l'appartement, il m'a demandé de me déshabiller. Il m'a violée et m'a dit que si je criais, il me remettrait dans un avion et que mon mari me tuerait pour lui avoir désobéi. Il parlait bien de « mon mari », le mot m'a terrifiée, il sonnait comme la malédiction dans laquelle je venais de replonger. Alors j'ai crié en dedans, j'ai crié tout ce que j'ai pu dans mon cœur, dans mon âme.

Les jours passaient sans que je les distingue des nuits. Mon corps ne répondait plus, ma volonté s'éteignait. Je mangeais par réflexe, dormais sans le savoir. Un peu de lucidité, un sursaut de conscience m'éveillait, je ne savais pas y répondre : où étais-je ? était-ce vraiment Paris ? Mon univers se rythmait d'un abandon sans espoir dans une pièce anonyme où il m'enfermait, au milieu d'un monde sans couleur pour une vie qui ne m'intéressait plus.

Je ne doute pas qu'il ait remarqué ma capitulation. Il me voyait bien dépérir. La seule réponse de cet abruti a été une télévision. Une fenêtre sur le monde, comme disaient les vieux.

Dans ma nuit sans fin, j'ai voulu croire qu'il y avait une lumière. Je n'avais pas plus de reconnaissance qu'il n'avait de pitié ; il voulait juste entretenir son investissement, je cherchais un espoir, un ailleurs possible.

Très vite, mon attention s'est focalisée sur les publicités : un moyen simple et rapide de maîtriser la langue. Je répétais des mots, des phrases courtes ; cette répétition des messages agissait comme un professeur pour son élève. La nuit, je voyais des rediffusions plus longues, avec le même souci de pédagogie. Les actualités locales m'offraient une fenêtre sur mon environnement immédiat et pourtant hors de portée ; les reportages lointains me faisaient prendre conscience de ma situation : je n'étais pas la seule esclave, il y avait aussi malheureux que moi.

Mais si toutes les situations humaines étaient plus ou moins décrites dans cette fenêtre, leurs proximités me font réfléchir : je viens de voir des gens bouleversés par une catastrophe ou par la guerre, je regarde maintenant des garçons heureux faire les malins aux côtés de filles dont le souci principal est la couleur de leurs maillots de bain.

Le monde est fluide, je ne suis pas obligée de rester là, malheureuse, emprisonnée, vendue comme de la viande. J'ai vu des images de liberté, je veux m'enfuir.

Je suis passée du rêve au projet, de la passivité à l'action, de la peur à l'espoir. Je ne rêve plus de partir, je suis partie. »

Ester a compris au milieu des jours sombres qu'il fallait intégrer le temps qui passe pour en faire un allié. Si le désespoir est instantané, l'espoir est durable. C'est peut-être dans cette prise de conscience qu'on trouve la force des survivants. Ester était certaine que le destin basculerait vers la lumière.

« J'ai commencé à faire semblant de l'aimer. Je préparais à manger, j'étais soumise. Peu à peu, il a fait un peu moins attention. J'étais toujours enfermée mais un jour il est venu avec un bijou, un bracelet en or. Je trouvais ça indécent, insultant même. Quand il dormait, je fouillais ses poches et je prélevais un euro, cinquante centimes d'euros que je cachais derrière les toilettes. Ces euros cachés me donnaient la force de tenir. Je suppliais mon corps d'accepter encore un peu, de me suivre dans cette volonté d'évasion, de se résigner pour justement en finir.

J'ai crié en dedans. Crier en dedans m'aidait à ne pas m'habituer à lui, à ne pas m'endormir, à ne pas trouver ça normal. Le silence revenu, je m'obligeais à la patience.

Un matin, mon sort a basculé une nouvelle fois. L'homme est parti et a oublié les clefs sur la porte. C'était le moment pour moi. J'ai pris mon argent – soixante euros – un sac en plastique, j'y ai mis les quelques habits que j'avais. J'ai gardé le bracelet. Je pourrais toujours le vendre en cas de besoin. La rue, le bruit. Je ne savais pas où aller. J'ai vu le nom d'une rue, Baudelique, Paris 18ème.

J'ai couru, très vite. Je craignais qu'il ne me rattrape et qu'il me batte. J'espérais et je savais ce que je risquais. Pour la première fois, j'étais libre ; pour la première fois, j'avais quelque chose à perdre.

Quand j'ai vu une femme noire avec des enfants, occupée

à attacher des sacs à une poussette, je l'ai abordée. Je crois que c'est parce qu'il y avait des enfants que je n'ai pas hésité.

Elle a tout de suite compris, elle m'a emmenée chez elle.

Son premier réflexe a été de me nourrir. J'étais presque un de ses enfants alors que je me voyais pour la première fois en adulte. Je ne l'ai pas remerciée, j'étais dans une bulle naturelle mais en train de renaître, avec toutes les douleurs que cela engendre.

Sans attendre, elle a appelé une amie. Elle m'expliquait au fur et à mesure le chemin que je devrais suivre. Cette amie travaillait à France Terre d'Asile. En fin d'après-midi, elle est passée me voir alors que je commençais à jouer avec les enfants. Je lui ai raconté mon histoire, celle de ma vie d'avant. Comme si elle parlait à une adulte, elle m'a expliqué que je devais faire une demande d'asile. Je me sentais responsable, au sens propre : je devrais répondre, je devrais agir, je devrais expliquer.

Tout s'est enchaîné rapidement. Elle m'a d'abord trouvé un hébergement d'urgence et j'ai pu déposer ma demande à l'Office Français de Protection des Réfugiés et Apatrides. J'ai été convoquée à l'OFPRA quelques mois plus tard. »

Ester n'est pas passée en un clin d'œil de la nuit au jour, de l'hiver à l'été. Paris est une ville difficile et si, au début, elle était prête à remercier le premier passant, le chauffeur de bus, la caissière du petit supermarché, rapidement elle a compris qu'elle n'était pas nécessairement la bienvenue. Elle a réalisé que beaucoup d'hommes et de femmes avaient vécu des histoires proches de la sienne ou pire encore ; elle a surtout réalisé à quel point, comme partout ailleurs, les gens veulent avant tout se sortir de leurs propres problèmes tout en se plaignant du manque de solidarité.

L'avocate était toujours là pour lisser les choses, les rationaliser et ainsi rassurer Ester. Combien de fois a-t-elle dit « c'est normal » ? Elle lui a appris cette particularité de l'adulte, ce raisonnement selon lequel l'individu cherche à se protéger, lui et les siens, avant tout, et qu'on ne peut lui en vouloir.

Les éléments de sa reconstruction se sont alors mis en place.

« Un Officier de protection m'a reçue et m'a bien fait sentir que je n'étais pas le centre du monde. Il m'est apparu très agressif. Je n'ai pas bien compris en quoi consistait la protection. Il y avait également un interprète en diakanké.

J'ai réalisé tout de suite que l'Officier ne me croyait pas. Je n'avais aucun papier sur moi, juste mon acte de naissance donné par la femme qui m'avait amenée en France et que j'avais caché dans mes habits. L'Officier mettait en doute tout ce que je disais. Je ne trouvais plus les mots. Je mélangeais les dates. Une panique m'envahissait. Je revoyais Conakry, ma mère qui pleure, et mes frères qui rient, l'homme, l'autre homme, la passerelle de l'avion, l'hôtesse de l'air, la pièce où m'enfermait mon père.

Après cinquante minutes d'entretien, l'interprète m'a dit que c'était fini et que j'allais recevoir la décision bientôt.

J'ai reçu la lettre deux semaines plus tard. Je comprenais le français mais je ne savais pas bien lire. Mon assistante sociale a lu pour moi. Ma demande était rejetée.

Tout s'écroulait autour de moi. Plus d'espoir, le chaos.

Mon corps s'est figé, il devait se préparer à être encore violenté ; ma volonté aussi s'est éteinte, j'allais retourner à une existence de torpeur, à des journées comme des nuits qui recommencent encore et encore.

Je n'écoutais pas Irène, mon assistante sociale, qui me parlait d'un recours et d'un avocat. Elle insistait sur le mot « gratuit » mais je n'entendais plus rien, mes oreilles semblaient bourrées de coton, ma tête me faisait mal.

Elle m'a bousculée. J'ai rempli des papiers et finalement un avocat a été désigné. »

J'imagine ce qu'Ester a ressenti la première fois qu'elle a rencontré Sarah, son avocate.

« Je ne suis jamais entrée dans un bureau comme le sien. Un vrai bureau, utile, orné de tableaux africains, de bougies, de fleurs. Mon étonnement a redoublé quand une femme est apparue. Dès que je l'ai vue, j'ai réalisé que dans cette partie du monde, non seulement des gens pouvaient piloter la vie des autres assis dans un fauteuil, mais également que leurs actions pouvaient être bienveillantes. Si ma mère a été avalée dans le précipice, si j'essaie désespérément de m'accrocher à la terre ferme, des femmes sont encore là pour m'aider à me relever. Celle qui me tendait la main et me disait de m'asseoir était l'une d'elles. »

Sarah avait déjà rédigé un recours, elle devait lui faire confiance, lui raconter son histoire, son parcours, encore une fois. Ester se répétait avant chaque entretien : « Elle m'aide, elle me retient, mais elle ne peut pas tout faire à ma place ».

Quand l'émotion était trop forte, Sarah disait :

« Ester, laissez vos larmes couler, elles lavent votre âme ».

Alors elle a laissé couler, elle a pleuré et sorti les cris du dedans. Elle avait mal au ventre, elle ressentait à nouveau les coups, le viol. Mais elle en avait le droit ; sans le savoir, elle était déjà libérée.

Elle en a pris conscience assez rapidement, elle avait trouvé la consistance d'un être libre.

« Je ne suis pas aigrie. Je suis forte. Le monde m'appartient, même si je ne sais pas encore très bien où est ma place.

Le jour est arrivé où j'ai été convoquée devant la Cour Nationale du Droit d'Asile. J'ai senti la force en moi : j'étais là pour me battre, pour convaincre. Les hommes qui m'ont blessée ne devaient pas être les plus forts. »

Elle a beaucoup travaillé avec Sarah, remis les questions « à plat ». Son avocate a d'emblée tenu à la prévenir : les juges lui poseraient des questions avant qu'elle ne puisse plaider. Elle devait être convaincante, sincère.

« Je tremble quand mon affaire est appelée. À ma gauche, un interprète en diakanké, à ma droite mon avocate. Sous la table elle me tient la main pour m'encourager. Je ne voulais pas d'interprète, mais elle me dit qu'en cas de difficulté à

trouver mes mots, je pourrai toujours parler dans ma langue maternelle.

L'attente est longue et puis tout arrive très vite. Un homme résume mon histoire. Un rapporteur a étudié mon dossier et le présente avant que je ne sois interrogée. Trois juges vont poser des questions et à nouveau je vais raconter.

Je sens les cris du dedans monter, ils veulent sortir mais là, je dois me contrôler. Ces juges ne me veulent pas de mal, mais pas forcément du bien non plus. Je retrouve l'angoisse éprouvée quand je m'enfuyais dans les rues de Conakry, je ne sais pas qui m'attendra à la sortie du bus, si on va me battre, si on va me forcer à retourner devant les portes de l'Enfer, tout est si loin et tout menace de revenir si vite.

Arrive l'instant où on me demande de parler du viol, des viols. Je me redresse, respire et les mots sortent. Après quelques minutes je prends conscience des larmes qui coulent. »

Je sais qu'à cet instant, les yeux de l'avocate brillent d'émotion.

« Elle hoche la tête pour m'encourager à continuer. Je redresse encore la mienne. Je soulève une montagne, je serais bien incapable de répéter ce que j'ai dit. Je regarde les juges pour qu'ils comprennent, non seulement ce que je leur raconte, mais aussi les cris du dedans, les cris de mon cœur, les hurlements de mon ventre déchiré. »

Trois semaines plus tard, les résultats sont affichés dans le hall de la CNDA. Ester vient avec une amie du foyer où elle est hébergée. Elle a peur de regarder.

Le tableau.

« Je suis face à mon destin, face au juge suprême qui décidera, du haut de ses nuages, quelle est ma vie, si elle continue, si elle s'arrête. J'imagine ma mère auprès de moi. »

Son amie lit : « statut de réfugié ». Elle met du temps à comprendre.

Elle entend des gens à côté qui lui disent : « C'est bon, c'est positif ».

« Enfin, je suis réfugiée, je suis reconnue, enfin je peux me poser. Je me sens épuisée, mes jambes tiennent à grand peine, mon souffle se rallonge, je perçois à nouveau la lumière du jour. »

Ester a repris des études, trouvé un travail. Elle lit beaucoup, pour savoir, pour tenir tête, pour comprendre. Elle a même un petit ami, mais n'arrive pas à enfanter.

« Mon passé a encore trop de place dans mon ventre. Mais mon cœur reste intact. Pour dire merci, pour un jour dire « je t'aime ». »

3- Fa Majeur

Sarah n'est pas arrivée dans ces fonctions par hasard.

« Après des études de droit et trois mois dans un cabinet d'avocat d'affaires terrifiant, j'ai débuté comme rapporteur au début des années 90 à la Commission de recours des réfugiés, aujourd'hui Cour Nationale du Droit d'Asile (CNDA), juridiction rattachée au Conseil d'État. Nous étions plusieurs jeunes diplômés à être embauchés pour réduire le stock de dossiers « en souffrance » – 60 000 à l'époque – pour des demandeurs d'asiles qui attendaient parfois plusieurs années avant d'être convoqués afin qu'ils puissent enfin exposer les raisons de leur venue en France. »

Elle a très vite compris que des histoires, pour ne pas dire des aventures, se répètent étrangement. De même parle-t-on de « filières », de « passeurs », de même pourrait-on recevoir certains récits comme autant de fils d'Ariane permettant à des réfugiés de prétendre à l'asile ; ces récits seraient des martingales éprouvées, des recettes, des armes imparables pour décrocher un sésame européen.

Bien sûr, tout cela est infiniment plus compliqué. Retenons que ces procédés caractérisent les états de guerre : Comment fuir ? Où trouver des faux papiers ? Quel scénario va-t-on servir à ceux qui ont le contrôle ?

Nous avons tous en mémoire des récits comparables que nous ont laissés nos parents ou nos grands-parents dans les heures tragiques qui furent celles de leur jeunesse. Nous mettons tout cela dans les cases du passé. Ces procédés sont pourtant bien actuels.

Par ailleurs, Sarah insiste sur le rôle de l'avocat. Il n'est pas là pour imposer une vérité, il est là pour défendre son client.

Il existe mille histoires différentes autour desquelles Sarah entend un écho de sa propre histoire. Celle de la différence. L'injustice est parfois sous nos fenêtres, nous le savons tous, parfois au bout du monde. Dans tous les cas, il s'agit de reconnaître un droit à la différence.

L'histoire de ce ressortissant de la Sierra-Leone en est une illustration ; quand ces deux injustices, celle qui est si proche et celle qui est si lointaine, viennent à se rencontrer.

Une des caractéristiques de ce récit est qu'il fait écho à ces « fils d'Ariane » que j'évoquais à l'instant, une de ces histoires que les juges entendent si souvent qu'ils n'y croient plus. Ils risquent dès lors de prendre l'histoire dans le mauvais sens et d'en tirer des conclusions biaisées, comme s'il n'existait pas d'homosexuels en Sierra-Leone, comme s'ils n'étaient jamais persécutés. Il n'est pas juste de confondre un requérant avec un accusé, pas plus qu'il n'est équitable de supposer le mensonge dans son témoignage. À moins de considérer que vivre son homosexualité ne soit pas du ressort de la liberté fondamentale…

Imaginez cet homme dire : « Je suis homosexuel ». Dans son pays, une simple phrase comme celle-ci peut l'envoyer en prison pour le reste de ses jours ou pire.

Imaginez-vous quelqu'un lançant ces mots à une terrasse de café place Pereire ou sur la Canebière être emmené par la police et disparaître ?

Voilà ce qui arrive en Sierra-Leone. C'est tabou mais surtout c'est pénal : le code de ce pays punit l'homosexualité, c'est une réalité. Abdul l'explique tranquillement à Sarah.

Je retrace ici son récit en intégralité.

« Je ne sais pas à quel moment j'ai commencé à rêver d'hommes. Je me suis posé beaucoup de questions à l'âge de onze ans mais je n'avais personne à qui en parler.

J'étais scolarisé dans un collège où il n'y avait que des garçons et j'ai perçu à ce moment-là ma sexualité d'une manière un peu plus claire, un peu plus évidente, mais toujours avec ce sentiment de braver l'interdit. J'étais en internat et j'ai vite compris qu'il était possible de développer des relations intimes, furtives mais toujours clandestines, avec d'autres garçons.

Je suis tombé amoureux d'Aboubacar. Au départ nous n'étions que des amis. Ensuite j'ai appris à le connaître, il a appris à me connaître aussi. Nous étions les meilleurs amis du monde. Puis nous avons découvert pas à pas, mot après mot, que nous avions des sentiments plus forts l'un pour l'autre. Ils sont devenus des liens profonds, uniques et exceptionnels.

Je vivais cependant dans la crainte que notre relation ne soit découverte.

L'amour fait mal. Il brûle. Imaginez l'amour dans la peur. Cette peur omniprésente ne m'a jamais quitté. Tout le bien-être que je recherchais était abîmé, déchiré, phagocyté par la peur.

Durant les deux ou trois ans de ma relation avec Aboubacar, j'ai découvert que l'amour vit dans le plaisir, le secret et la dissimulation : jamais je ne pourrai me promener main dans la main avec mon bien-aimé. La loi nous sépare.

Quand Aboubacar a changé d'établissement parce que sa famille avait déménagé, j'ai arrêté le collège et je suis devenu musicien. À défaut d'amour éclatant au grand jour, j'ai découvert une autre façon d'aimer par la possibilité de créer, de donner au monde ce que j'avais en moi et que je ne pouvais exprimer, un chemin parallèle mais solitaire.

La musique m'a porté. Quand je me sentais perdu, elle me guidait. Il y a peu de gens sur cette route. Elle est ingrate, on s'oblige à reprendre mille fois le même détour en ne sachant pas si on va dans la bonne direction, personne ne peut vraiment vous renseigner. Et puis un jour, on s'aperçoit que le paysage a changé, on a pris de la hauteur, on se sent plus léger.

Et il y a la chance, ces hasards inexplicables qu'offre la vie sur ses sentiers escarpés. Alors que je travaillais en studio et préparais un album, on m'a proposé de jouer en première partie d'un autre musicien, Joseph. Mon son lui a plu, la sonorité mais aussi le rythme, tout correspondait. Visiblement, il avait pris le même chemin, il regardait les mêmes paysages. Il ressentait la même solitude, alors il est revenu me voir jouer. Je peux dire qu'on s'entendait bien, au sens propre. On vivait la même harmonie.

Nos discussions sont devenues des complicités, de celles qu'on partage quand on a vécu les mêmes espoirs et les mêmes séparations, les mêmes désillusions quand on se sent également rejeté. Son esprit était ouvert et créatif et je me sentais bien à ses côtés.

Nous sommes vite devenus inséparables et notre amour caché nous donnait une force incroyable. Il me manquait tout le temps, il était mon oxygène, je jouais pour lui, grâce à lui. Il me corrigeait « Fa majeur, là c'est un fa majeur » et m'encourageait. La vie s'accélérait, elle avait pris un sens.

Notre amour a duré trois ans au cours desquels Joseph m'accompagnait très souvent en studio d'enregistrement. Nous partagions des moments intimes la plupart du temps chez lui. Il vivait chez son père, souvent absent, qui était garde forestier et travaillait loin de la ville. Sa mère n'était pas là non plus la plupart du temps. C'était une femme d'affaires qui voyageait beaucoup.

Dans cet ailleurs inaccessible aux autres, le temps s'arrêtait, il flottait ce parfum que je croyais ne jamais trouver : celui de la liberté, peut-être même celui du bonheur.

Et l'enchantement s'est retrouvé dans ma musique : à cette période, ma notoriété a pris de l'ampleur. J'étais reconnu pour ce que je voulais, pour ce que j'aimais, mes compositions. Je me sentais euphorique : j'avais l'amour et les prémices de la gloire.

Mais on refuse de voir arriver l'orage quand il fait trop chaud. Notre orage à nous avait un nom : Ebola.

La troisième année de notre relation, nous avons été séparés en raison de l'épidémie. Tous les habitants étaient confinés et je me suis retrouvé privé de ce que je croyais devenu aussi naturel que l'oxygène ou la liberté. Joseph me manquait. Il était ma source, mon ancre, ma musique.

Alors un soir, j'ai bravé l'interdiction imposée par le gouvernement et je me suis rendu chez lui. Nous étions heureux de nous retrouver et de nous sentir en vie.

Parfois, on pense que le diable vous a oublié, mais il se cache dans le détail : la porte de sa chambre était mal fermée. Alors que nous étions dans les bras l'un de l'autre, le père de Joseph, levé très tôt le matin, nous a surpris. C'est un homme très costaud, très imposant. J'étais tétanisé lorsqu'il s'est approché de moi. L'orage s'est abattu par des coups, au crâne, au ventre. J'ai essayé de lutter bien sûr, comme si agiter mes bras pouvait écarter la tempête.

J'ai hurlé de douleur. Les voisins, alertés par le bruit et les cris, se sont introduits sur la parcelle du père de Joseph. Ce dernier hurlait que nous étions les envoyés du diable et les premiers arrivés ont commencé à me frapper à leur tour, à me jeter des cailloux. J'ai réussi à m'échapper et à me cacher dans une conduite d'égout. Je ne sais pas ce qu'est devenu Joseph. Je n'ai plus jamais eu de nouvelles de lui.

Quand le calme est revenu, j'ai pu m'éloigner de cet endroit et j'ai appelé mon manager en qui je pouvais avoir entièrement confiance. Je lui ai raconté ce qui m'était arrivé. Il est venu me chercher. J'étais blessé, fébrile. J'avais mal partout. Il a insisté pour me transporter à l'hôpital, mais je craignais que la police ne soit alertée par le personnel. Ça se passe comme ça chez nous : un blessé victime de violences qui arrive dans un hôpital fait l'objet d'un signalement auprès des autorités.

C'est pourquoi, deux jours plus tard, avec un peu d'argent que mon manager m'avait donné, j'ai pris la fuite et j'ai emprunté la route qui traversait la forêt. Dans une petite ville, j'ai trouvé un taxi-moto qui m'a déposé près de la frontière. Je voulais fuir ce pays, cette souffrance, et la peur qui finalement ne m'avait jamais quitté.

J'ai traversé plusieurs pays, j'ai fait mille boulots pour financer mon périple. Je suis arrivé en Italie mais la situation devenait de plus en plus difficile. Il ne m'a pas fallu bien longtemps pour comprendre qu'on ne m'attendait pas.

J'ai vécu deux ans et demi dans la rue, sans droits ni assistance médicale. J'ai demandé à être reconnu réfugié mais je n'avais aucune preuve des maltraitances subies. C'est pourquoi j'ai été débouté.

J'ai repris la route, celle de la solitude, des chemins dangereux qui peut-être ne mènent nulle part. J'ai vu des montagnes, la mer, des routes, encore et encore.

Finalement, je suis arrivé en France et j'ai déposé une nouvelle demande de reconnaissance du statut de réfugié. La procédure est compliquée car mes empreintes ayant été prises en Italie, je vais être « dubliné », en d'autres termes il faudra que j'attende de longs mois avant de faire enregistrer ma demande d'asile en France.

Ici, en France, je me sens soulagé. Je sais que l'homosexualité n'est pas punie par la loi et que je suis libre d'aimer qui je veux.

Pourtant lorsque je suis reçu à l'OFPRA par un officier de protection chargé d'instruire mon dossier de demande d'asile, mon cœur déchante. Les interrogations sur mon homosexualité sont violentes et exprimées sans aucune délicatesse. Dans mon pays, il est impossible de parler librement de son orientation sexuelle. Et pour la première fois, une personne me pose des questions, sans comprendre qu'auparavant je n'ai jamais parlé des hommes que j'aimais. Pourtant j'ai dit à cet officier que je me sentais mal et que ce n'était pas facile de parler de ma sexualité.

J'en suis à me demander ce qu'il y a de pire : devoir se taire parce que c'est interdit ou devoir parler parce que c'est obligatoire pour se justifier.

C'est horrible de parler des coups que j'ai reçus lorsque j'ai été surpris avec mon amoureux. L'officier ne se moque pas de moi, il n'a juste pas envie de me croire.

Je lui présente un certificat médical établi par le service médico-légal de l'hôpital de la ville où je vis en France. Ce document revêt pour moi une très grande importance parce qu'enfin j'ai la preuve des maltraitances subies. Manifestement cela ne suffit pas pour l'officier de protection, même si ce certificat médical indique des cicatrices à la tête, au membre supérieur gauche, à l'abdomen, sur l'omoplate droite, sur la fosse lombaire flanc droit, sur le pied droit, sur la face postérieure du mollet et la face antérieure des jambes. Oui, j'étais cassé de partout. Le médecin constatait l'existence d'un stress post-traumatique et la compatibilité entre les séquelles constatées et les faits rapportés. Cela n'a pas suffi.

J'ai transmis un rapport du centre LGBTI de la ville où je vivais en France. Cela n'a pas suffi.

J'ai pleuré en évoquant la foule qui me jetait des cailloux au visage et me frappait. Cela n'a pas suffi.

Alors, quand j'ai reçu la décision rejetant ma demande, j'ai su que je devais continuer à me battre. J'avais été frappé, lynché, humilié, j'avais perdu l'homme que j'aimais, j'avais erré durant des années avec la peur, la faim, l'angoisse et la solitude.

Sur la route que j'ai prise, je n'ai qu'une certitude : on ne recule pas. Je savais que j'irai jusqu'au bout.

Alors, j'ai continué. Comme en musique, on ne s'arrête pas quand ça sonne faux, on recommence, on insiste, on marche, en priant ou en chantant. « Fa majeur, je te dis ».

J'ai été convoqué devant la Cour Nationale du Droit d'Asile pour que les juges m'entendent et comprennent que ma vie était en danger si je devais retourner dans mon pays.

Quand ils ont commencé à me poser des questions, j'ai pensé à ce que vous m'avez dit, Sarah, la veille de l'audience :

« Abdul, je suis convaincue que vous ferez de votre mieux car vous êtes un survivant. Vous allez imaginer que vous obtenez le statut de réfugié et qu'enfin, vous êtes arrivé en haut de la montagne. »

Alors j'ai fait de mon mieux et j'ai gagné.

J'ai entendu résonner mes prières, j'ai regardé mon avocate qui m'a souri, je n'étais pas seul dans mon combat, elle était là. On n'est jamais seul avec la musique. »

Sarah me passe un extrait de l'attendu de la Cour : il apparait que le « groupe social » tel que nous l'entendons peut se définir par le regard que portent la société ou les institutions :

« L'existence d'une législation pénale qui réprime spécifiquement les personnes homosexuelles permet de constater que ces personnes forment un groupe social.

Les personnes homosexuelles de Sierra-Leone doivent donc être regardées comme un groupe social au sens de l'Article 1er A 2 de la Convention de Genève.

L'homosexualité est passible d'emprisonnement à vie en Sierra Leone. »

Elle en profite pour m'expliquer ce à quoi sont confrontés nombre de demandeurs d'asile : la procédure de Dublin.

Dans cette humanité particulière mais nombreuse qu'on nomme « migrants », on confond mille situations différentes. Cette confusion est toujours instrumentalisée, la simplification peut être dangereuse, il n'est donc pas inutile de préciser quelques points parmi lesquels celui-ci :

« Le principe du règlement Dublin est qu'un seul État européen est responsable de la demande d'asile d'une personne ressortissante d'un État tiers. Le but étant d'interdire à la fois qu'un demandeur sollicite l'asile dans différents pays européens et de ne pas lui laisser le choix du pays qui examinera sa demande. »

4- Le miracle

Avant d'aborder l'histoire de Joy, j'en profite à mon tour pour glisser une notion simple. Il n'y a pas que les États qui persécutent. Le législateur a bien intégré l'idée que le malheur n'est pas que politique :

« La traite des êtres humains constitue une atteinte grave aux droits fondamentaux de la personne, qualifiée de crime au regard du droit national et international, et la traite des femmes organisée par un réseau criminel transnational à des fins d'exploitation sexuelle constitue une persécution. »

D'abord je regarde une carte.

Il faut imaginer et comprendre, mais il faut commencer par voir d'où on parle et d'où cette femme est partie.

Dans son histoire – que Sarah Attali m'a racontée – il est question d'Asaba : où est-ce ?... du Nigeria : pourriez-vous le situer sur une carte sans hésiter ? j'ai fait le test, la moitié d'entre nous confond avec le Niger… de nairas, une monnaie : combien font 40 000 nairas ? Je regarde : 45,97 €, mais de grandes variations en quelques jours.

La première photo que vous propose Google sur la capitale du pays est un embouteillage monstre de voitures et camionnettes jaunes repoussant des foules de gens affairés.

Asaba est une ville de province et se trouve à près de cent

soixante et un kilomètres au nord de l'embouchure du Niger dans l'océan Atlantique. Sa population est plus nombreuse que celle de l'agglomération de Montpellier, comme celle de Toulouse.

Et puis il faut voir la carte : la distance d'Asaba à la côte libyenne. Invraisemblable.

C'est donc là que commence l'histoire de Joy.

Au travers de débats que nous avons tous, se pose la question culturelle, historique. Qui sommes-nous pour condamner telle tradition, pour qualifier telle coutume de « barbare » ? On juge facilement…

Il y a pourtant des limites évidentes auxquelles nous pensons tous à cet instant : les violences faites aux enfants, aux femmes, l'excision, l'esclavagisme en sont les premiers exemples.

Joy est un nouveau modèle de renaissance. Au fond du désespoir est née la lumière, c'est l'allégorie de Noël, placé au solstice d'hiver. Combien de Joy sont mortes en attendant cette résurrection ? Combien se sont éteintes dans ces maisons de passe ? Combien pleurent en silence ?

La mère de Joy a été répudiée. Elle a été chassée comme un chien, elle a dû partir et laisser la place à une autre femme. Joy a été recueillie par sa grand-mère, seule chance de survie pour elle et sa mère.

Le repos de Joy chez sa grand-mère est de courte durée, son père la reprend, il a besoin d'une esclave.

Les consolations sont féminines, elles nous apparaissent éphémères ; les malheurs sont masculins et semblent ne jamais finir.

Il faut mater l'esclave dès que possible, lui faire comprendre – donc accepter – sa condition inférieure en la culpabilisant.

Joy est coupable. Du linge mal lavé, de la vaisselle mal

essuyée, des repas mal préparés, elle est la cause des coups qui s'abattent sur elle. Elle a cinq ans.

L'esclave est coupable par nature, sa punition doit être permanente. Il faut l'attacher, l'enfermer dans le noir d'un placard, la faire ramper sur un verre que son père brise au sol pour mieux lui faire comprendre qu'elle doit être cassée à son tour, qu'elle est remplaçable, éphémère, presque inutile.

Je regarde un enfant qui passe, dans une rue de Paris. Lui, vous, moi, avons-nous de la chance ? Où est la normalité ?

Être rabaissée ne suffit pas, être brisée n'est pas assez, il faut détruire.

Alors que Joy pleurait l'absence de sa grand-mère, réfugiée dans la nuit de son lit, les larmes pour seules preuves de son existence, des mains sont arrivées. Son sexe. Son père l'a pénétrée. Tétanisée, cherchant à hurler sa terreur autant que sa douleur, elle ne se souvient que de : *« Si jamais tu parles de ça, je te poignarde avec ce couteau et je ne serai pas condamné pour ça »*.

La belle-mère est évidemment complice. Si vous aviez l'idée de ne pas croire en son existence, parlez-en à Joy.

Le pays de Joy n'est à ce moment qu'un désert de souffrance, il n'y a plus d'ombre, plus de lumière, plus de rêves, ni même de souvenirs où se réfugier. Son père continue, des nuits, des nuits, des nuits…

Détruire ne suffit toujours pas, il faut anéantir.

À seize ans, elle est proposée, louée et consommée par un touriste anglais. Le néant est rentable.

Joy témoignera :

« Plus tard j'ai compris que mon père œuvrait au sein d'un réseau de prostitution en ligne. Il entrait en contact avec des

touristes, pour la plupart des Nigérians qui vivaient à l'étranger, recherchant des jeunes femmes pour des moments intimes tarifés. Ma belle-mère était bien évidemment complice de ce trafic d'êtres humains. Très souvent des jeunes femmes du réseau étaient reçues chez mon père où des hommes les attendaient et faisaient leur marché. »

Le cycle habituel du martyr s'établit : rébellion, coups, soumission, silence et profit. Joy est régulièrement vendue à des hommes. Le temps passe, sans importance, sans consistance.

Mais la vie se rebelle : Joy tombe enceinte. Pourquoi disons-nous « tomber » ? On devrait parler de « se dépasser », « grandir » enceinte.

Malgré la tristesse de Joy qui se demande qui pourra bien s'occuper de son petit garçon après sa sortie de l'hôpital, un espoir s'est allumé, au-delà d'elle, malgré elle.

L'abomination continue trois années, dans l'isolement, la violence. Une prostitution et un enfermement, sans fin.

Je ne sais pas comment envisager Joy. Au sens propre, je ne connais pas son visage, je ne sais pas non plus si elle doit être une illustration des malheurs de son époque, comme toutes époques antérieures de fait, si elle reflète autre chose, quelqu'un d'autre qu'elle-même. Personne ne peut ressentir ce qu'elle a subi, personne n'est légitime pour parler à sa place, sauf son avocat. Sauf Sarah.

Sarah est un catalyseur, elle aspire l'émotion, la verbalise. De là naissent les pleurs, la reconnaissance peut-être, le soulagement sûrement.

Tout cela a un prix :

« Souvent ma sensibilité m'a joué des tours : explosion de colère en audience, pleurs dans mon bureau après l'audition d'un récit particulièrement dramatique d'un(e) demandeur(eresse) d'asile, crainte de ne pas être à la hauteur, et impression de toujours rechercher ma place. »

La vie est revenue par surprise chez Joy, de l'intérieur ; l'espoir est arrivé presque par effraction, par la fenêtre. La solidarité est féminine aussi dans son histoire : par son avocate mais d'abord par une voisine. Celle-ci s'est approchée de la fenêtre et lui a donné un fruit. Elle lui a parlé. Elle a trouvé quelques mots que Joy entendait comme venus de sa grand-mère.

« Tu ne peux pas vivre ainsi, ce n'est pas normal que tu n'ailles pas à l'école. Je vais t'aider, je vais te donner de l'argent mais tu dois quitter la ville sinon ton père te retrouvera. ».

Il y avait un dicton dans l'Europe du XIVe siècle, frappée par la Grande Peste, quand on croyait venue la fin du monde : « Pars vite et reviens tard ».

La voisine est revenue. Joy a dû entendre le grand fracas de ce même monde, l'appel d'un destin qui n'est peut-être pas achevé. Elle reçoit l'argent promis et ces quelques mots :

« Sauve-toi vite, et ne reviens jamais ».

Du fond de la nuit elle est sortie, son fils entre les bras. Il y a quelque chose d'évangélique dans l'histoire de Joy. Elle porte son fils – pour sauver le monde – et l'emmène chez sa grand-mère.

Je reprends Google Maps pour retracer grossièrement un trajet qui apparait démentiel pour qui connait ce terrain : Benin City et Kano-City, au nord du Nigeria : environ mille kilomètres.

Joy demande son chemin, une seule oasis possible : l'Italie. Un jeune homme lui explique les dangers. Le principal d'entre eux a aussi un nom : Boko Haram. Ce qui parait finalement très théorique aux yeux de notre voisin, notre famille, nous-mêmes, est très concret dans la tête de Joy. C'est le poids du risque et la réflexion à laquelle il oblige. Que dois-je faire ? Où est le plus grand risque ? Que puis-je espérer ? Que dois-je faire maintenant ?

L'argent a commencé à s'envoler : 35 000 nairas au chauffeur qui a emmené Joy et ses compagnons d'exil, entassés dans un petit véhicule, en urgence, aux portes du désert libyen, 40 000 nairas pour atteindre Tripoli et être jetée sur une grande place, au milieu des marchands d'alimentation ou de lunettes. Beaucoup d'exilés se sont découvert différentes origines : Mali, Gambie, Nigéria.

Joy continue son récit pour la Cour.

« J'ai dû auparavant échanger mon argent en dinars me permettant de poursuivre mon périple. Pour voyager il fallait être inscrit sur une liste. Je me suis alors approchée de l'un des hommes qui dressait l'une de ces listes, et lui ai demandé d'y mettre mon nom. C'était un Nigérian, comme moi. Je lui ai donné presque tout ce qu'il me restait.

Nous avons été dirigés vers un camp au bord de la mer, nous étions des milliers. J'ai vu des personnes mourir sur place, faute de soins, et des locaux nous menacer avec des armes. »

Vient l'envie de faire machine arrière. On ne peut s'empêcher de fuir le risque, le danger de mort est trop imminent.

L'esclavage a rattrapé Joy. Elle se sentait si près du but. En terre inconnue, tout prend une importance, irraisonnée parfois.

Celui qui vous aide vous sauve la vie, celui qui vous regarde avec mépris vous menace de mort.

Un couple de Libyens a joué sur les deux tableaux pour abuser d'elle et en faire à nouveau une esclave. Et finalement, comment faire autrement ? Comment renoncer, on est si proche : trois cents kilomètres. En regardant la mer, Joy cherche à voir, à deviner, elle se dit : « Si j'étais là-bas, sur ce grand bateau à l'horizon, j'apercevrais peut-être les côtes italiennes. Elle est toujours biblique, Joy, comme Moïse cette fois, si proche d'une Terre Promise. Chaque jour, pendant six mois, elle regarde la mer et attend le miracle...

Ayant économisé miette par miette, elle rassemble de quoi fuir, mais son bateau est abordé par un « speed-boat » aux premières lumières de l'aube. Des hommes en armes se précipitent, obligent à s'arrêter et volent le moteur. Ils peuvent tirer ; ils vont tirer, tuer tout le monde en moins de cinq secondes. Joy en est sûre, elle retient son souffle... La Cour aussi.

La Cour a du mal à en croire ses oreilles. Le juge, les assesseurs, le rapporteur, tout le monde est figé. Par-delà les tumultes de la menace, on entend le silence de la mort. La situation est pourtant connue, on en parle souvent ici ou autour de cette juridiction, mais voilà qu'elle s'incarne sans détour. C'est la vérité, c'est la réalité.

Sarah regarde sa cliente, cette frêle jeune femme qui a déjà supporté dix fois plus qu'aucun d'entre eux n'aurait pu endurer.

Sarah lui sourit, j'ai presque envie d'ajouter *« comme on sourirait à un enfant malade »* dans le même poème de Rimbaud. Joy est prête à entendre des remarques, des demandes de précision. Mais non, tout le monde la regarde, pétrifié.

D'un très léger mouvement de tête, Sarah lui fait signe de continuer.

« J'étais sûre que j'allais mourir. Là au milieu de l'eau. Je ne sais même pas nager.

Vers 18 heures, un grand bateau s'est approché avec des hommes blancs à l'intérieur. Se voulant rassurants, ils nous ont fait monter à bord. J'ai passé la nuit sur le bateau en remerciant le ciel d'être encore en vie.

Le lendemain, nous avons pris des petites embarcations qui nous ont déposés à Lampedusa, une île italienne. J'y suis restée quelques jours. J'avais survécu jusqu'à présent, je savais que je pouvais y arriver.

Quelques jours plus tard, j'ai entendu l'un des hommes qui nous avait emmenés sur l'île dire que la météo était bonne et que tout le monde allait repartir, ailleurs, peut-être vers la liberté. J'ai profité de la confusion pour monter dans l'un des bateaux. Nous étions tellement nombreux, environ cent soixante-dix, que là encore j'ai pensé que nous allions tous nous noyer.

Lorsque nous avons débarqué en Italie, des policiers nous ont tout de suite emmenés dans un camp. Les autorités ont enregistré mes nom et prénom, juste pour des informations administratives. Puis on nous a donné à manger et de quoi nous vêtir.

Je suis très vite transférée à Bari, dans un endroit qui ressemble à une église et sert de camp de fortune. Je vis à nouveau la précarité, la promiscuité et je me demande quand mon cauchemar prendra fin.

Je vis dans ce camp depuis deux ou trois mois quand, un jour, une femme m'aborde et m'explique qu'elle peut m'aider, que sa tante serait d'accord pour m'accueillir et m'obtenir des papiers en règle. Elle semble sincère. Elle est Nigériane comme moi et se veut rassurante. Elle ne me demande rien en échange et ma situation est tellement dramatique que j'accepte de la suivre à Florence.

Bien sûr, il ne s'agissait pas de sa tante mais d'une femme qui, dès mon arrivée, me dit que si je veux rester, je dois trouver du travail. Je lui réponds que ce n'était pas prévu, surtout en si peu de temps, que je ne connais personne et ne parle pas italien.

En réalité cette femme était une proxénète qui se faisait appeler « Big Lady ». Elle m'obligera à me prostituer, je n'avais pas le choix. Je devais la payer pour l'hébergement, mais également pour ma place sur le trottoir. Je gagnais entre trois cents et quatre cents euros par jour et j'étais contrainte de remettre la totalité du fruit de mon activité, de la vente de mon corps, à Big Lady.

J'étais à nouveau un objet, un surnom. J'ai anesthésié mon corps. J'ai fermé mon cœur et mon âme à double tour. Je n'ai plus rien ressenti durant dix-huit mois au cours desquels, tous les jours, Big Lady me déposait à ma place attitrée, sur le bord d'une route, pour effectuer ce qu'elle appelait mon travail. »

Le miracle n'est pas arrivé à grand renfort de tambours et de trompettes.

Non, le miracle s'est fait discret, presque quotidien, comme une journée d'un travail « normal ». Joy est montée dans un train tout simplement.

Il n'y avait personne à sa poursuite, encore moins pour lui souhaiter bonne chance. Elle a bravé le destin qui voulait la tuer, par l'achat d'un billet de train et quelques marches à grimper pour s'installer près d'une étudiante qui ne lui a même pas dit bonjour, enfermée dans la musique de son casque. Les gens marchaient sur le quai. Toute la ville s'est mise à trembler et à défiler en arrière : le miracle était dans le départ du train, un mouvement vers l'avant, un souffle.

Les onze heures de voyage sont passées au rythme des souvenirs, son père et sa belle-mère, Big Lady, les bateaux, les hommes en armes, les déserts, ceux qui sont morts. Mais avant tout son fils. Elle pleure.

Le miracle a le visage d'un passant, vous ou moi, gare de Lyon. Il regarde sur son téléphone où trouver un hébergement d'urgence, fait apparaître un plan et lui explique vers où marcher. C'est un peu loin... Non, ce n'est pas si loin.

Joy continue en un souffle :

« Puis j'ai déposé ma demande d'asile.

J'ai eu du mal à parler avec mon avocate. Je n'avais plus confiance, en personne. Pourtant il a bien fallu que mon cœur s'ouvre et que de cette blessure coulent mes larmes. J'ai échappé deux fois à un réseau de prostitution, j'ai échappé à la noyade. J'ai échappé à la mort. Je suis une rescapée. »

Je repense à la gare de Lyon, à toutes les gares, aux quidams comme moi qui peuvent être interpellés, à ce petit Parisien qui courait dans la rue. Je me demande où sont mes larmes, où sont nos larmes.

Après bien des démarches, autant de menaces, autant d'espoirs, Joy a rencontré Sarah. L'avocate a dû apprivoiser un oiseau blessé, brûlé et affamé. Elle n'a pas parlé stratégie, elle n'a pas fait de cours de droit, elle a juste répété à Joy, encore et encore, que ce n'était « pas sa faute ».

Il fallait que Joy se pardonne pour elle-même s'envisager, c'est-à-dire tout simplement se redonner un visage.

Beaucoup de réfugiés arrivant en France pensent que leur chemin est terminé. C'est dans ces moments que le risque de suicide est le plus élevé. Il n'y a plus d'énergie, elle a brûlé, elle s'est consommée pour arriver jusqu'ici, il n'y a pas de vie future puisque tout semble accompli.

À l'audience, Sarah a su pleurer. Ce n'était plus le théâtre judiciaire, cette étrange mise en scène formalisant le Droit en marche. Les masques tombent. Sarah dit « je » comme si elle était Joy. Elle est Joy. Elle parle, met en mots réels la douleur et la violence. Joy a pleuré pour demander pardon à l'enfant de cinq ans qui marchait à genoux sur du verre brisé, elle a pris dans ses bras cette petite martyre qu'un homme ignoble a souillée. Tous les pères de l'humanité ont honte.

Joy est une réfugiée. C'est l'honneur de la France de protéger la flamme qui brille encore dans le cœur de cette enfant.

Sarah connait bien la situation au Nigeria et m'en propose un résumé :

« La traite transnationale aux fins de prostitution concerne l'ensemble du Nigeria. Les jeunes femmes du sud sont exploitées principalement en Europe, celles du nord sont destinées aux États du Golfe. D'anciennes prostituées exploitent des groupes de dix à quinze filles. Souvent endoctrinées, elles n'ont pas conscience de l'activité qu'elles vont devoir pratiquer et sont soumises à des contraintes physiques et psychologiques.

Les ressources tirées de cette activité occasionnent souvent des complicités familiales. Le retour au pays de femmes désargentées entraine la stigmatisation et l'ostracisme, de même que le retour dans un pays européen où elles restent la proie de toutes les violences.

Les femmes retenues au Nigeria sans rembourser les passeurs sont victimes de représailles, leurs familles préférent en général acquitter ces dettes plutôt que de saisir la police ou la justice, d'autant que les trafiquants sont susceptibles par la corruption de gagner les faveurs d'autorités nigériannes.

Une victime de la traite qui serait parvenue à s'extraire du réseau s'expose donc à un risque de marginalisation, voire à d'autres menaces. Ces personnes partagent une histoire vécue et un statut qui présentent des caractéristiques communes, constantes et spécifiques. Elles constituent un certain groupe social au sens de l'Article 1er A.2 de la Convention de Genève. »

6- Désolé

Sarah a traversé mille et un dossiers différents. Derrière chacun d'eux, il y a des visages et des histoires uniques, mais aussi des paysages et des environnements souvent inconnus.

Quand on découvre la vie d'un réfugié, d'un migrant, d'un exilé, d'une personne qui crie « asile ! » – appelez-la comme vous voulez – on s'étonne de sa proximité : « Finalement, il vivait comme nous » mais on s'étonne également de son éloignement, son entourage et son insécurité.

Le groupe est primordial, ce que Sarah a reconnu très vite dans son approche légale, il y a là une forme « d'ethno-sociologie ». Cela se traduit juridiquement par le contour de la protection : la protection accordée se fait à titre individuel. Appartenir à une communauté persécutée ne suffit pas, il faut prouver que le danger est actuel et personnel, ce qui rend l'approche difficile dans les conflits – ou persécutions – d'ordre privé, comme une vendetta par exemple.

Cette nouvelle histoire nous emmène au Pakistan. Les règlements de compte intra-familiaux y sont courants. Dans la région montagneuse du nord-ouest, où les communautés respectent les codes d'honneur tribaux traditionnels, ils peuvent être particulièrement longs et violents.

Je laisse la parole à son protagoniste, Ali. Je retranscris avec mes mots une histoire dont la violence pourrait nous sembler ordinaire dans une série Netflix, mais qui dépasse l'entendement de notre réalité.

« Je ne peux même pas dire que les gens me regardent bizarrement, ils ne me regardent pas. Personne ici ne connait la ville de Jamrud.

J'ai souvent entendu dire : « Pour connaître, il faut regarder, et pour savoir, il faut écouter ». À bien y réfléchir, cela veut dire aussi que nous ne regardons pas ce que nous ne connaissons pas. Je ne peux donc pas leur en vouloir.

Je suis un voyageur, une ombre qui passe, le regard fuyant. Je comprends que personne ne veuille me connaître, moi le vagabond, le chien errant. Je crains le passage d'une voiture de police, j'ai peur qu'on m'ait dénoncé, sans savoir pourquoi. Qui cela intéresserait-il ? Ma clandestinité est tellement banale, insignifiante, sans valeur.

Personne ne connait la vallée de Peshawar, personne ne connait les Pachtounes. Le nom peut-être... Ces noms qui font peur en Occident. On pense terrorisme et Moyen-Âge, désert et violence. On n'a peut-être pas tort. Être sans papiers ne m'empêche pas de regarder la vie des gens, de comprendre leur façon de penser.

Je m'appelle Ali, ce qui peut vouloir signifier « le haut » alors que je suis tout en bas. N'y voyez pas de rancœur, ne pensez pas que je trouve cela injuste, encore moins que je vous méprise. Non, je me dis, au contraire, que Dieu a sans doute le sens de l'humour, que je peux glorifier son nom et mériter d'être appelé ainsi, même si je suis tout en bas.

Je suis de confession musulmane sunnite et j'appartiens au clan des Afridis, une tribu pachtoune localisée dans la région du Défilé de Khaïber – entre l'Afghanistan et le Pakistan.

Je ne sais pas si mon histoire – et ma géographie – pourront intéresser quelqu'un, de mon côté je m'intéresse à ce qui a lieu ici, en France.

Mon sentiment est mêlé, on s'en doute. Je trouve extraordinaire que les gens respectent une loi à laquelle ils ne semblent pas donner beaucoup de crédit, qu'ils acceptent les règles érigées par des élus qu'ils méprisent. Pour eux, cette loi est une abstraction, une construction intellectuelle, mais ils la respectent. On interdit aux gens de rouler trop vite, ils en sont furieux mais se limitent aux vitesses indiquées, ils acceptent d'abandonner une partie de leur liberté contre la sécurité. Et ça marche. Dans mon pays, c'est impensable, on croirait piétiner son honneur. Les chefs doivent être armés et chacun roule bien comme il veut.

Là-bas, chez moi, dans ces régions de pierres et de montagnes, nous n'avons pas les richesses de ce pays, nous ne pouvons pas nous permettre ces constructions théoriques, nous sommes en survie et il n'y a pas de Carte Vitale.

Sommes-nous moins civilisés ? Je ne sais pas. Nous pouvons nous entretuer, mais je ne crois pas qu'un villageois laisserait quelqu'un mourir de faim ou de froid devant sa porte, du moins je me plais à le croire. C'est peut-être la ville qui nous tue, tous.

Le Pakistan en général, ma région en particulier, ne sont pas sans lois. Si nous avons d'autres systèmes de valeurs, ces dernières sont universelles. Mon père a servi son pays comme soldat. Nous étions cinq enfants, trois filles et deux garçons et nous avons été aimés. Nous avons tous reçu une bonne éducation : nos parents nous ont transmis l'amour du travail, le respect des choses bien faites. Notre famille était plutôt aisée. Nous possédions plusieurs terrains et lorsque mon père a pris sa retraite, il a ouvert une usine de sciage et de transformation des marbres, sa fierté !

Cette éducation m'a aussi montré que les sentiments humains sont universels. La jalousie est partout la même. Elle est féminine aussi. Quand mon père a été affecté à huit cents kilomètres de Jamrud, ma mère a dû subir sa belle-famille. Elle n'a rien dit, pour ne pas faire de peine à son mari, pour ne pas nous inquiéter. L'épouse du frère aîné de mon père était particulièrement brutale à son encontre. Elle se considérait comme toute puissante, eu égard au statut de son époux.

Adnan, mon oncle, n'était pas seulement l'aîné de sa fratrie, avec cette autorité naturelle qu'il croyait pouvoir exercer sur ses jeunes frères et ce mépris qui rejaillissait sur toute ma famille. Il était également le chef d'un gang. Comme tous les mafieux de tous les pays, on appelle ça « être dans les affaires ». Le fait que sa femme exerce des violences sur sa belle-sœur lui semblait très naturel, pour ne pas dire indispensable.

Ma mère n'a rien dit, elle a souffert en silence, le plus grand témoignage d'amour pour son mari, pour mes frères et sœurs, pour moi. Elle n'a rien dit, non, elle a attendu que revienne son mari.

Adnan, comme tous les chefs de gang, voulait que son frère travaille avec lui, c'est-à-dire pour lui. Mon père a toujours refusé. Je ne dis pas que mes parents étaient des saints, je crois juste qu'il voulait ce que toutes les femmes et tous les hommes recherchent, ici comme là-bas, comme partout : une famille libre et un accomplissement dans le travail.

Mais cet idéal simple, pourtant à portée de main, était voilé d'une ombre. Cette ombre s'appelait Adnan.

Alors que mon père était loin, les pressions n'arrêtaient pas ; mon père refusait, ne cédait rien. Elles se sont vite reportées sur mon frère. Mes trois autres oncles craignaient leur aîné, laissant par fatalisme cette situation malsaine se développer et ma mère souffrir. Ils savaient très bien la puissance d'Adnan sur toute la communauté, sur toute la ville.

La réputation d'Adnan dépassait largement nos familles et amis. La peur venait par contagion. Il payait des policiers, trafiquait des armes, de la drogue et ceux qui en avaient simplement entendu parler ne voulaient pas en savoir plus. La réputation sulfureuse suffisait à écarter les téméraires ou les curieux. Il était de ceux qui fréquentent la mort, de ceux qui survolent les lois pour appliquer la leur.

Il ne pouvait être question pour Adnan qu'un membre de la famille puisse lui résister. Son emprise devait être totale et son empire complet. Mon père voulait protéger son entreprise, il avait la force pour affronter les pressions jalouses d'Adnan.

Mais que pouvait faire un gamin, qui plus est un de ses neveux ? Chacun devait plier, tous devaient se soumettre. Si ce n'était pas son frère, ce seraient au moins ses neveux, à savoir mon frère et moi.

Mon frère a refusé. Il a porté ces valeurs universelles : la fierté, le courage et l'honnêteté.

Mon frère est un héros. Quoi que je fasse, je ne sais pas comment être digne de lui un jour.

Je comprends que les juges de la Cour Nationale du Droit d'Asile ne puisse entendre cette histoire. Elle est déjà par trop romanesque, ou trop cinématographique... Les parrains, les oncles, les mafias, tout cela ne doit pas résister à l'épreuve des faits, des évidences. Je ne suis qu'un témoignage, qu'on accepte ou qu'on rejette, qu'on laisse dans le gris du doute. Non, je n'ai pas de preuves matérielles, pas même un article de journal, pas de photographie représentant mon oncle avec un revolver, des lunettes noires et des gardes du corps. S'il y a des photos de lui, ce sera plutôt celles d'un petit gros à moustache qui marche dans la rue, un sac plastique à la main.

Même si jeune, j'ai compris ce que venaient faire mes cousins et d'autres hommes, équipés de ces lunettes noires et de ces pistolets. Je me souviens surtout des sons, des voix qui se répondaient, de plus en plus lourdement chargées de menaces, d'éclats et d'invectives. Ils venaient souvent, restaient de plus en plus longtemps. Je ne m'y habituais pas. Je ne comprenais pas tout, mais je savais que le moment était dangereux.

L'usine venait d'ouvrir et déjà les petits soldats de mon oncle essayaient de semer la terreur. C'était, je crois, toujours le même scénario : des flatteries, des propositions appuyées, des menaces, des chantages, des cris, des insultes. Ils tentaient ensuite de négocier, craignant de revenir chez leur employeur les mains vides.

Quand l'usine commença à bien marcher, alimentant la jalousie et la rancœur, l'extorsion devint immédiate et les menaces plus pressantes. Mon père avait fait ses calculs, acceptant bien à contrecœur de lâcher quelques billets pour faire redescendre la pression. Mais cette dernière augmentait à proportion du succès de la marbrerie. On sentait bien que ça ne pouvait plus durer.

En 2018, une dispute a éclaté entre mon frère et le fils de mon oncle. Je regretterai toujours de ne pas avoir été là. Je devine mon frère dire « non », je l'imagine rester debout. Les petits arrangements ne satisfaisaient plus personne. Mon frère en avait assez, travaillant trop dur pour céder à des exigences aussi prohibitives qu'injustes.

C'est précisément cette injustice qu'il a prise pour une insulte révoltante, pas pour lui, mais pour son travail et surtout pour notre père, pour ce qu'il représentait à nos yeux : la promesse d'un avenir meilleur construit de nos propres mains, l'honneur, même modeste, de bâtir sur les pierres du bien la maison d'un bonheur mérité.

Ce jour-là, mon cousin est arrivé dans l'usine avec une douzaine de sbires. Il voulait une somme d'argent démentielle, sachant très bien que mon frère ne cèderait jamais. Cette fois, les mots sont devenus des armes. Quand mon cousin s'est fait traiter de « cafard », ces mots sont devenus des prétextes pour lancer les premiers coups. Les bousculades et les gifles sont devenues un combat. Je pleure à l'image qui flotte autour de mon imagination me faisant voir mon frère à terre, serrant mon cousin, recevant un coup de poing. Eux qui ont dû jouer ensemble quand ils étaient enfants, dans un jardin, une chambre, qui ont dû rire, s'inventer des histoires, fabriquer des cachettes, je les voyais devenir fous.

Au cours de la rixe, mon frère s'est emparé d'une barre de fer et a frappé mon cousin. Puis il a pris la fuite, le laissant à terre et gravement blessé. Les ouvriers, qui avaient quitté l'usine et se trouvaient à l'extérieur du site, ont appelé la police et une ambulance. Mon cousin a été transporté à l'hôpital mais il est mort au cours du trajet.

Je ne sais pas ce qui a été le plus fort, le plus douloureux chez mon oncle : la tristesse ou la colère. L'une comme l'autre ne pouvait aboutir qu'à un désir de vengeance. Mon père savait que la police ne ferait rien pour nous protéger et nous a enjoints de fuir immédiatement.

Adnan avait perdu un fils : il devait prendre la vie de l'un des fils de mon père. »

Il n'est plus question ici de police ou de justice. Oui, son frère aurait dû se rendre… en théorie. Mais la Théorie est un pays imaginaire, je ne sais pas si les gens de la Cour Nationale du Droit d'Asile en ont vraiment conscience. Il est facile de retracer une histoire, mais simpliste de la ranger dans des cases, des standards qui ont cours en Europe.

« Nous sommes donc devenus des fugitifs.

Nous avons profité du temps qui s'était arrêté, celui des funérailles, pour nous échapper. Comme tous les évadés, nous avons cherché la foule, l'anonymat et l'oubli. Nous n'arrêtions pas de regarder en arrière, nous étions projetés dans un autre monde.

À peine arrivés à Islamabad, nous avons su par un autre de nos oncles qu'en notre absence, la police s'était rendue dans la maison de mon père, à la recherche de mon frère. La poursuite avait commencé.

Quelques jours seulement plus tard, nous étions avertis qu'Adnan pensait nous avoir retrouvés. Il savait où nous étions. Il n'y avait pas lieu d'être surpris qu'un tel homme de réseau puisse « loger » deux individus dans une ville d'un million d'habitants. Nous étions terrorisés.

On imaginait des bruits, on devinait des hommes armés derrière la porte. La vie d'exilé est difficile, celle d'un fugitif est un enfer.

Nous avons ramassé ce que nous avons pu et attrapé un autobus pour nous emmener au plus vite en direction de Quetta, à huit cents kilomètres.

Nous nous y sommes cachés durant deux mois. C'est aussi une grande ville d'un million d'habitants, peuplée de Pachtounes et proche de l'Afghanistan. Nous étions comme des crabes attendant la marée. Le nombre, la foule, ne pouvaient plus nous épargner.

Sans cesse, nous faisions des calculs : combien de temps ? Combien de temps pour nous retrouver ? Combien de temps à tenir avec l'argent qu'il nous reste ?

Nous étions dans un monde d'autant plus instable que nous nous sentions chaque jour en déséquilibre, au bord du gouffre. Chaque personne croisée était un danger, chaque déplacement un risque. Nous étions déjà dans l'univers des réfugiés, dans notre propre pays.

Mon frère faisait tout ce qu'il pouvait pour me rassurer, me distraire et même m'amuser. Je n'avais que quinze ans, il savait certainement que tous mes rêves s'étaient envolés.

Quitte à vivre en réfugiés, autant partir le plus loin possible pour, au moins, gagner en sécurité. Le plus loin possible, c'était Istanbul.

Et les jours ont passé.

J'ai cessé de regarder derrière moi sans arrêt, j'ai laissé le quotidien me guider, sans projets, mais sans regrets.

Nous étions hébergés chez des personnes que nous avions rencontrées lors du voyage. Nous n'avions plus d'argent, nous avons commencé à travailler dans une usine de prêt-à-porter. Je déchargeais les marchandises.

Je faisais confiance à mon frère pour le cas devenu improbable où nous serions retrouvés. Je lui laissais toutes les responsabilités, si nous avions affaire à la police, si quelqu'un voulait nous dépouiller ; il s'occupait de l'argent, des courses, il veillait sur moi. Les semaines et les mois passant, je me sentais en sécurité grâce à lui.

Mais un soir, il est venu me retrouver dans la rue alors que je rentrais de l'atelier. J'ai tout de suite senti qu'il se passait quelque chose, il ne rentrait jamais avant moi.

« Je pars ». Ces mots ont sonné sans que je les comprenne. J'ai d'abord traduit « il part » en « je reste… seul ». J'ai imaginé mille et une raisons, la première étant : « Qu'est-ce que j'ai fait de mal ? ». Le sol se dérobait sous mes pieds.

Je repense souvent à cet instant.

J'ai appris plus tard qu'« être désolé » – en français – cela signifie au premier degré « ne plus avoir de sol ». Depuis, en effet, je n'ai plus de sol, plus d'endroit où me poser, encore moins me reposer.

Mon père était tombé gravement malade. Je me suis dit : « Que vais-je devenir ? » et mon frère l'a lu dans mes yeux. Je sais qu'il ne m'en voulait pas. Tout ce qu'il avait à faire était de m'expliquer. Il était inenvisageable pour mon frère d'abandonner notre père, de le laisser à son sort.

En fils aîné, son devoir était écrit, inscrit même, dans le marbre. J'emploie l'expression à dessein : ce marbre, nous l'avons fabriqué…

Je l'ai supplié, sans y croire. Il a eu cette formule simple et claire, destinée à me faire accepter cette « désolation » :

« Je préfère mourir dans l'honneur que de vivre dans le déshonneur. Je ne l'abandonnerai pas. Toi, maintenant, tu peux vivre. »

Quelques mois plus tard, j'ai réalisé que je n'étais plus en sécurité en Turquie. Ma seule chance de survie à Istanbul était dans les cachettes précaires, les changements de travaux journaliers. Il n'y avait plus la moindre perspective.

Parti pour la Grèce, j'ai appris en appelant un de mes oncles, qu'alors qu'il avait discrètement récupéré des médicaments pour mon père à l'hôpital, mon frère avait été sauvagement assassiné.

Mon père allait mieux mais je n'avais plus de frère. Adnan était vengé : un fils pour un fils.

J'étais dévasté et je ne voulais pas rester en Grèce. Les réfugiés ne sont pas bien accueillis dans ce pays.

J'ai marché vingt-cinq jours et je suis arrivé en Serbie puis j'ai pris un train qui m'a emmené en Croatie à Zagreb. J'y suis resté dix jours, à l'issue desquels je me suis rendu en Slovénie. J'ai été arrêté dans ce pays. La police m'a conduit vers un camp de migrants. Je m'en suis échappé quinze jours plus tard et je me suis rendu en Italie. À Milan, j'ai pris un train pour Nice.

Les juges n'ont pas cru à mon histoire alors que j'avais quitté mon pays encore mineur. Et pourtant, quel adolescent quitterait ses parents sans raison ?

Les juges ont considéré que le retour de mon frère au Pakistan n'était pas crédible et que les circonstances de son assassinat n'étaient pas claires. Je n'étais pas présent lorsque ce dernier a été tué et je n'ai appris sa disparition que tardivement.

Mon frère était un homme d'honneur, il avait tué son cousin en état de légitime défense. Les juges ont tout mélangé, me semble-t-il. Pour eux, parler d'honneur est un langage de voyou. Ils ont assimilé cette rixe mortelle à un règlement de comptes entre petits bandits, mettant tout le monde dans le même sac.

Pour conclure mon dossier dans un sens où prévaut la logique, ils ont pensé que la vendetta était éteinte avec la mort de mon frère.

Mon frère n'est plus, mais la haine familiale n'est pas éteinte. C'est pourquoi je ne peux retourner dans mon pays.

Parce que je suis l'héritier de nos traditions, je ne peux pas rentrer chez moi.

Adnan, également enfermé dans sa logique, pense que je ne reviendrai que pour me venger. Jamais il ne m'acceptera, pas plus que je ne peux admettre de revenir comme si de rien n'était. Je veux sortir de ce cercle infernal.

Je préfère rester une ombre ; j'aime encore mieux errer, en Europe ou ailleurs.

Je garde mon frère et ses mots au fond de mon cœur, je pense à ma mère, à mon père, et je marche. »

Quand nous dormons à Paris, c'est le gars qui passe sous notre fenêtre ; quand nous prenons un train de la banlieue de Rome, il dort sur un banc ; quand nous sortons d'un restaurant « indien », il est derrière le rideau à faire la vaisselle ; quand nous marchons dans une rue de Lisbonne, c'est cet ouvrier qui fait du bruit ; quand nous commandons une pizza à Berlin, il la livre et repart, comme une ombre.

Et s'il nous gêne, si nous avons le sentiment qu'il n'est venu ici que pour profiter de notre richesse, il en est désolé.

7- Non !

Sarah m'explique la protection subsidiaire. Le bénéfice de la protection subsidiaire est accordé à toute personne qui ne remplit pas les conditions pour se voir reconnaître la qualité de réfugié, mais pour laquelle il existe des motifs sérieux et avérés de croire qu'elle courait dans son pays un risque réel de subir une atteinte grave à sa personne : torture, exécution, violence dans un conflit armé, etc.

Je le vois comme une sorte de rattrapage de cas particuliers qui ne rentrent pas dans la définition de l'asile, laissant la justice libre d'apprécier, « notamment si le système d'asile risque de ne pouvoir traiter cet afflux sans provoquer d'effets contraires à son bon fonctionnement ». (village-justice.com).

Ainsi Nino a-t-elle pu en bénéficier. Une fois encore, la proximité des personnes comme elle et nous, nos ressemblances dans l'apparence, les goûts, les craintes et les rêves me surprennent.

Alors je me suis mis à sa place, j'ai endossé l'histoire que Sarah m'a retracée pour la mettre en forme, en musique, telle que je l'ai ressentie. Comprendre quelqu'un, c'est essayer de se mettre à sa place, simplement, accepter d'être double quelques instants.

Sarah me décrit Nino comme une femme qui vit dans la peur, une peur inextricable, une peur qu'elle ne peut contrôler et qui parfois même se transforme en terreur.

J'imagine Nino me dire :

« Il y a toujours cette tache noire qui circule autour de moi, une obsession, une peur. Je suis obligée de me raisonner pour que la panique ne me submerge pas. Je marche dans Paris et elle peut me rattraper à un carrefour, au bruit d'une moto ou quand je croise un piéton qui sort du métro. »

Elle poursuit :

« Je revois la mer, le port de Batoumi, les cafés, les odeurs, le ciel de Géorgie. L'insouciance est la même partout et depuis toujours ; j'imagine qu'on ne réfléchit pas à ce qui nous manque. Il faut être parti.

Je suis partie et, comme tous les exilés, je rêve de rentrer. J'ai laissé mon paradis perdu, mon insouciance, légère comme le bleu de la mer Noire, comme le rouge sur les couchers de soleil, sur les vagues teintées du soir, comme la lumière de nos rires d'enfants.

Quand Davit m'a enlevée, nous nous promenions avec des amis, je marchais à côté de lui, les autres étaient devant. Ils n'ont pas bougé quand ils ont entendu mes cris.

Je leur en ai voulu longtemps mais j'ai bien fini par réaliser leur stupeur et leur accablement. Nous avons chacun nos réflexes de protection. Ces réflexes, je les développais aussi quand les garçons devenaient trop entreprenants, j'en riais souvent et ça les désarmait, mais je ne me suis pas méfiée de Davit. Il ne faisait pas attention aux autres, ne me considérait pas comme le centre du monde. Dans notre petite bande, il était plutôt le timide, l'effacé, celui qui se confond dans le groupe.

Non, je ne me méfiais pas quand il me prenait à part pour me demander de l'accompagner faire une course, pour l'aider dans la rédaction d'un travail. Je ne pensais pas qu'il avait provoqué deux ou trois rencontres inopinées – « un coup du sort », disait-il.

Mais Davit n'avait aucune notion du destin, pas plus que de la morale ou de la logique. C'est tranquillement qu'il m'a dit, après avoir insisté pour me raccompagner : « On va se marier ». Il n'attendait même pas de réponse de ma part, il s'est retourné et il est parti. J'en suis restée immobile, stupide, la bouche ouverte.

Spontanément, je m'en suis voulu : qu'avais-je pu dire ? Qu'avais-je tu ? Quelle ambiguïté avais-je pu laisser paraître ? Je ne m'étais jamais doutée que nos relations allaient sur ce terrain-là.

Il ne s'est pas gêné pour revenir le lendemain matin devant chez moi. À peine sortie, j'étais pour le coup assaillie de questions : « Tu es d'accord ? » – celle-ci, purement formelle, n'attendait même pas de réponse.

« On pourrait se fiancer le mois prochain et se marier au printemps. »

Et je ne crois pas qu'il ait jamais entendu une de mes réponses.

« Non Davit, c'est non, je ne veux pas me marier, ni avec toi, ni avec personne, du moins en ce moment ».

Il a dû y percevoir une autre ambiguïté, ce que certains appelleraient un malentendu. Mais que peut-on entendre quand on n'écoute rien ? Il me dit :

« D'accord, pas tout de suite. À l'été prochain, alors ? ».

Et dix fois il est revenu, et dix fois j'ai dit « non ».

Il n'a même pas cherché à comprendre. Je m'attendais à : « Tu en aimes un autre, c'est ça ? Dis-moi qui ! » ou « Je ne te plais pas mais apprends à me connaître ». Davit était dans le plus pur déni. Il est impossible dans ce pays de dire non à un homme sans qu'il le prenne pour une injure et même simplement pour qu'il le comprenne.

Il existe une ancienne coutume où les jeunes femmes sont « enlevées » et un mariage coutumier est « consommé » pour mettre les parents devant le fait accompli. Je ressens encore la terreur, l'impossibilité d'échapper à mon destin. »

Nino poursuit en décrivant son enlèvement :

« La tache noire ressurgit d'un coup. Un souvenir me gifle. C'est la portière d'une voiture. Il m'a pris le bras, m'a poussée jusqu'à m'en faire tomber, je bascule la tête la première sur la banquette. Il me bloque la nuque et me pousse encore pour entrer à son tour dans cette voiture qui gronde un bruit d'enfer. Le chauffeur hurle, le passager avant crie aussi : « Dépêche ! dépêche ! ». J'étouffe, je reconnais la voix de Davit se mêlant aux autres : « Vas-y ! démarre ! démarre ! ». Il me tient encore le bras serré dans mon dos, j'ai peur qu'il me le casse, je n'arrive pas à respirer. Je ne bouge pas, je ne peux pas, je me sens arrachée à la réalité. Ses paroles sont surréalistes : « Tu verras, Nino, je te rendrai heureuse ».

En fait d'être heureuse, j'ai été violée. J'ai hurlé « non » à Davit, encore et encore. En vain. Le viol, l'enfermement, la peur ne m'ont laissé aucun choix.

Désormais j'étais la femme de Davit. J'ai dit oui, j'ai capitulé devant la tradition, la coutume, l'Histoire, appelez cela comme vous voulez. Pour moi, c'est une défaite, une trahison. J'ai cru à un sacrifice pour ma famille, pour qu'on ne lui jette pas les anathèmes courants : « la famille où vit une fille facile qui attrape les hommes, la famille de la prostituée ».

J'ai accepté un mariage civil et j'ai vu se refermer l'avenir. J'abandonnais les soirées entre amis insouciants, les après-midis de livres, d'études et de musique.

J'en ai assez de dire non. Je voudrais accepter tout ce que m'offre le monde, saisir toutes les chances qui croisent ma route, peut-être même sans que je le sache, j'ai les yeux fermés.

Ne me jugez pas, c'est déjà fait. Ne me jugez pas, d'autres s'en sont chargés et je ne suis pas la moins sévère des juges.

J'avais l'impression d'entreprendre une marche dans un désert.

Non, ce n'était pas un désert, plutôt un océan. Je me suis noyée dans les coups reçus toujours, les viols encore, les reproches : « Pourquoi tu ne m'aimes pas ? » Un bourreau ne comprend pas qu'on ne l'aime pas, son narcissisme a besoin de cohésion.

Davit ne s'aime pas, il s'adore. Finalement, tout doit tourner autour de lui, il entend être le maître définitif des évènements pour se donner l'illusion qu'il les maîtrise. Dans son univers sordide, la coutume va dans le fil de ce sentiment de pseudo puissance : une femme lui est inférieure, sa résistance est incongrue, inacceptable. Il peut comprendre que le temps soit nécessaire à la cohésion de son esprit avec le monde, mais il ne comprend pas qu'on lui dise non.

Je dis aux mères : « Élevez vos enfants », au sens propre. Emmenez-les plus haut, visez plus haut, faites-les grandir, appelez ça comme vous voulez, mais arrêtez de vous cacher dans les draps souillés de cette coutume qui n'est qu'une mauvaise habitude. Et le temps qui passe ne lavera pas ce linge sale, vous aurez beau qualifier ces coutumes d'ancestrales, elles resteront des scandales, des injustices, autant de honte que vos yeux refusent de voir.

Alors, hissez vos enfants pour qu'ils puissent regarder plus loin, qu'ils comprennent ce qui est juste. L'enfant-roi à qui vous laissez croire une supériorité parce qu'il est garçon, il n'est pas un roi : il est devenu dictateur, il restera dans la frustration d'un monde qui forcément lui échappera.

Aux premiers coups de Davit, j'ai compris sa tristesse d'exister en même temps que mon désir de vivre. Je savais que rien ne pourrait arrêter ni l'une ni l'autre, c'était inexorable. Je pouvais supporter les coups, jusqu'à un certain point, mais il fallait que je parte. Sa tristesse à lui n'aurait pas de fin, il n'arrêterait jamais si je ne faisais rien.

Bien sûr, le courage m'a manqué. Bien sûr, sa lâcheté est devenue mienne.

Le point de rupture vient toujours d'un évènement extérieur : j'ai donné la vie. Le simple regard de ma fille m'a fait comprendre qu'elle, elle aurait ce courage. Je n'étais que sa messagère. J'ai pu affirmer mon désir, elle m'avait donné sa volonté. J'ai balancé le mot sans fermer les yeux : « divorce ».

Cela ne signifiait rien pour lui, c'était un mot « occidental », un papier, une théorie. Ce n'était pas dans son monde, donc ce n'était pas réel.

Pour lui un non-sens, pour moi une promesse de liberté.

Et comme tous ceux qui la cherchent, cette liberté est l'essence même de la vie, sans elle, ce n'est que la possibilité de mourir. Davit n'avait qu'un argument : « Sans moi, le bonheur est impossible ». À force de coups, de gifles ou d'insultes, de viols et de côtes cassées, d'étranglements et de couteau sous la gorge, cette opposition à la logique de toute puissance n'avait plus rien d'une théorie, la mort était au rendez-vous, la mienne mais surtout celle de ma fille.

Puisque les mots n'ont pas d'importance pour un bourreau qui ne vit qu'à la vue du sang, je me suis enfuie. Mes jambes tremblaient aussi sûrement que ma volonté était déterminée. J'ai couru chez mes parents. Ma fille avait quatre ans, elle s'agrippait sans comprendre mais elle fuyait avec moi, dans le même souffle. Elle et moi ne formions qu'une.

En repensant à ces instants qui ont signé toute une époque de ma vie, je ne pense qu'à ma fille.

Je vois des enfants jouer dans un square parisien en cet après-midi où un doux soleil les berce d'une tranquillité de printemps. Les nounous les surveillent – un œil rivé à leur téléphone – et personne n'a de raison de s'inquiéter.

Quand je voulais jouer dehors avec ma fille, n'était-ce que dans le jardin de mes parents, la peur rodait, comme un animal sorti de la nuit et de ses cauchemars pour nous dévorer toutes les deux. Il n'y avait ni printemps, ni été, juste le froid de l'angoisse. Si j'avais pu reprendre souffle, si mon corps ne souffrait plus comme les jours, les mois et même les années précédentes, aucun repos ne m'apparaissait complet, j'étais dans le gris de l'incertitude, mon univers restait instable.

Davit rôdait, il se présentait parfois sans rien dire et repartait, ou surgissait la nuit en hurlant et frappant la vitre d'entrée. Je devinais les regards de reproche que cachaient mes parents. Leur patience s'usait, ils voulaient que parte cette menace d'une manière ou d'une autre.

Pour leur montrer que je ne restais pas sans rien faire, je me suis décidée à porter plainte. La situation a empiré. Il est arrivé, brandissant un papier avant de le jeter à la face de mon père qui n'a pas bougé. Il a couru vers moi, j'ai lâché ma fille pour qu'elle se sauve et je me suis écroulée quand sa gifle m'a percutée au point que j'en ai perdu connaissance.

Je me souviens avoir machinalement repris le papier : une ordonnance restrictive avec interdiction de nous approcher durant un laps de temps limité, mes parents, ma fille et moi. La plainte n'a rien donné : aucune poursuite n'a été lancée à l'encontre de Davit.

Quand j'en ai parlé à une amie française, elle m'a dit :

« Tu sais, en France, une femme meurt tous les trois jours, tuée par son compagnon. On dit qu'un enfant sur dix serait victime d'agression sexuelle, alors tu vois... »

Non, je ne vois pas, je ne crois pas que les malheurs s'annulent entre eux, ils doivent plutôt s'additionner.

Quand je regarde ces enfants jouer tranquillement à l'ombre des marronniers, je voudrais croire que leur vie est paisible et qu'elle le restera.

Même séparée de Davit, la vie ne retrouvait pas la sérénité. Non seulement ma jeunesse et son insouciance avaient bien disparu à jamais mais l'existence ne m'apparaissait plus qu'une épreuve à traverser avec pour seul devoir de survivre et d'emmener mon enfant le plus loin possible.

Le temps a passé, le divorce a été prononcé. Une simple respiration, une mise au point aux yeux de tous, quoi qu'ils en disent, mais pour mes parents une simple formalité sans importance. Ils avaient raison, le danger perdurait. Je m'en voulais un peu plus chaque jour de les avoir emmenés avec moi, ou plutôt d'avoir fait venir chez eux la possibilité de la mort, le loup qui en un instant pourrait les dévorer. Leur vie devenait une succession d'instants où il fallait se méfier, en allant faire des courses, en ouvrant la porte, en regardant par la fenêtre, le jour comme la nuit.

Mais tout passe, comme un hiver en Géorgie ou un printemps à Paris. On collectionne les jours sans menaces comme autant de promesses que rien ne va arriver, on se rassure de questions faciles : « Peut-être s'est-il lassé » ? Je comptais les jours consécutifs sans que nous ayons entendu et vu Davit.

Ma culpabilité envers mes parents s'est effacée petit à petit, quand j'ai enfin pu apporter un salaire. Je respirais à l'extérieur, je m'inquiétais un peu moins à l'intérieur de leur foyer.

Bien sûr, je me disais parfois qu'on ne peut espérer tant de jours tranquilles sans que vienne l'orage, mais ce calme perdurait. Mon nouveau travail à l'usine d'emballage me paraissait facile, à l'étonnement général, il me permettait surtout de ne pas m'intéresser qu'à moi-même, de sourire à d'autres employés, d'être attentive à leurs petits bonheurs quotidiens comme à leurs difficultés. J'ai enfin ri, j'ai entendu des filles parler pour ne rien dire, un vrai délice.

Quand je marche rue Didot à Paris, je vois tous ces cafés, ces boulangeries, ces gens pressés qui prendront quand même le temps de vous adresser un petit sourire parce que vous les avez laissés passer sur un trottoir. Je côtoie ces mêmes gens affairés à l'usine, occupés par mille tâches rébarbatives mais parfois joyeux de participer à une même entreprise ou tout simplement de se retrouver devant une tasse de thé.

Et comme un clin d'œil ensoleillé de ce printemps français, j'ai vu entrer Paata. J'ai souri à cet homme sans réfléchir et j'ai vite remarqué qu'il était touché. Instinctivement, j'ai fait machine arrière, je l'ai évité, mais les hasards plus ou moins forcés d'une vie quotidienne dans une usine m'ont ramenée devant lui. Cette fois, c'est lui qui m'a souri. Cela faisait si longtemps que je n'avais pas regardé quelqu'un, tant d'années que je n'avais pas imaginé qu'un homme puisse être gentil. C'est par sa timidité que Paata m'a conquise.

Je me réconciliais avec les jours, avec les nuits. Nous allions former une famille. Paata m'apportait une douceur dont la couleur était la sécurité. Lui aussi avait une fille, nous allions pouvoir affronter les difficultés, comme tout le monde, entourant nos proches et entourés d'eux.

Mais le loup est revenu.

Davit a commencé à m'envoyer des messages de plus en plus fréquents. Il me demandait de quitter mon homme. Sa puérilité ne m'inspirait plus que mépris. La colère l'emportait sur la peur. Les menaces ont suivi, je ne savais plus quoi penser. Ces menaces distantes sont comme les grondements du tonnerre : on ne peut les situer, on ne sait pas quand la pluie va tomber, on sent juste le vent mauvais.

Les éclairs sont apparus, Davit est venu nous harceler, physiquement cette fois. Sa lâcheté devait finir par se voir, il est donc venu nous provoquer. »

Paata témoigne de la violence vécue :

« Il nous pistait dans la rue et s'adressait à nous directement, mais de loin. Il est venu me provoquer devant l'école de ma fille qui a tout entendu. Il disait qu'il me pourrirait la vie, que j'étais un lâche car je fréquentais Nino, sa femme, qu'il allait m'égorger, qu'il allait s'en prendre à ma fille et à l'enfant à naître : « Tu vas souffrir, je ne vous laisserai pas vivre tranquillement » a-t-il dit. Il reprochait à Nino de l'avoir quitté. Il a également menacé de l'égorger. Il m'a dit qu'elle ne serait jamais heureuse si elle ne retournait pas avec lui.

J'ai déposé plainte auprès de la police de Tbilissi, évoquant les menaces reçues, mais cela n'a servi à rien. »

« Au contraire. Davit se montrait dès lors tous les jours, à mon travail – il connaissait mes horaires –, devant chez moi, au coin d'une rue, toujours dans un lieu public. Cette fois, la foudre pouvait frapper, n'importe où, n'importe quand. Seuls ont cessé les textos, il ne voulait pas laisser de trace bien sûr, quelqu'un avait dû le prévenir, il avait une stratégie. Comment pouvait-il s'imaginer qu'en hurlant « Nino ! Paata ! je vous égorgerai ! Nino, tu ne peux pas être heureuse sans moi ! », il aurait une emprise sur le réel ? Davit devenait fou.

Je ne sais pas laquelle des deux nous inquiétait le plus : la stratégie ou la folie… »

Nino reprend après un long silence dans lequel flotte un regard inquiet :

« Je voulais parlementer, lui faire entendre raison. Paata était plus lucide, il relevait des éléments un à un qui prouvaient que le harcèlement ne s'arrêterait jamais : Davit avait du temps parce qu'il avait de l'argent, ses parents avaient de gros élevages et lui donnaient une partie des revenus sans qu'il fasse rien. J'ai changé de numéro de téléphone, il a trouvé le nouveau en moins d'une semaine. Nous avons déménagé à quatre-vingts kilomètres de Tbilissi, Davit nous a retrouvés trois jours plus tard. Nous nous sommes enfuis à deux cents kilomètres de là pour être hébergés par les parents de Paata, dans la maison familiale, il nous a retrouvés, encore.

La nouvelle de ma grossesse a dû amplifier sa colère, l'enfermer davantage dans ce déni de réalité. Il n'était plus question dans sa bouche que d'égorgement, d'incendie, de meurtre d'enfants, de vengeance sur nos parents, frères et sœurs.

La confrontation est arrivée. Alors que Davit se présentait à la sortie de mon travail autour duquel il rôdait si souvent, Paata s'est précipité pour me défendre. Ils se sont battus, Paata a été roué de coups, son nez fracturé. J'ai cru qu'il allait mourir. Le personnel de l'usine a fini par les séparer mais nous avons bien compris que cela ne s'arrêterait jamais.

Pour la première fois, nous avons eu peur ensemble. Pas pour nous, pour nos enfants. Sans dire un mot, dans l'échange de nos regards où se lisaient le désespoir et la colère, nous avons pensé la même chose : partir.

Je vois l'eau grise de la Seine, les nuages vont et viennent. J'ai pris l'habitude de marcher loin de la chaussée et de jeter un œil aux voitures qui s'approchent trop doucement. Souvent je me retourne, j'espère revoir mes amis de cette jeunesse enfuie au soir de l'été.

Oui, parfois j'aimerais rentrer, je crains toujours que Paata ne m'en veuille de l'avoir emmené ici, où on nous regarde de travers, où nous ne sommes qu'une statistique. Nous n'avons que peu de nouvelles de nos parents mais nous nous accordons sur la nécessité d'offrir à nos enfants le bien le plus précieux : la liberté. La liberté de dire non. »

Nino et Paata sont originaires d'un pays dit « sûr ». En d'autres termes, le Conseil d'administration de l'OFPRA détermine les pays où a priori on considère que nul ne craint de persécutions. En 2023 ces pays sont : l'Albanie, l'Arménie, la Bosnie Herzégovine, le Cap-Vert, la Géorgie, l'Inde, le Kosovo, la Macédoine du Nord, l'Île Maurice, la Moldavie, la Mongolie, le Monténégro, la Serbie.

« Un pays est considéré comme un pays d'origine sûre lorsque, sur la base de la situation légale, de l'application du droit dans le cadre d'un régime démocratique et des circonstances politiques générales, il peut être démontré que, d'une manière générale et uniformément, il n'y est jamais recouru à la persécution …, ni à la torture ni à des peines ou traitements inhumains ou dégradants et qu'il n'y a pas de menace en raison d'une violence aveugle dans des situations de conflit armé international ou interne ».

Cette liste de pays est régulièrement modifiée. Le problème est que les demandeurs d'asile originaires de ces pays déposent une demande de reconnaissance du statut de réfugié dans le cadre d'une procédure dite prioritaire. En d'autres termes, lorsque l'OFPRA rejette leur demande, ces derniers, même s'ils forment un recours devant la Cour Nationale du Droit d'Asile, vont faire l'objet d'une obligation à quitter le territoire. La double peine…

Plus encore, lorsque le recours devant la Cour Nationale du Droit d'Asile est enregistré, dans la majorité des cas ce dernier est rejeté par ordonnance, c'est-à-dire sans que le demandeur d'asile soit convoqué à une audience et entendu publiquement.

Parfois, comme Nino et Paata, certains demandeurs d'asile originaires de ces pays dit « sûrs » ont la chance « inouïe » d'être convoqués en audience et entendus.

Nino et Paata ont pu faire valoir leur souffrance et l'impossibilité d'être protégés par les autorités de leur pays. Ils ont eu l'opportunité de donner des détails sur leur histoire, d'être pris au sérieux quant à leurs craintes en cas de retour en Géorgie.

Les violences domestiques constituent toujours un problème d'ampleur en Géorgie et la réponse apportée par les autorités est très souvent inadaptée et inefficace face aux besoins de protection des victimes.

8 – Lettre à mon ami de France

C'est bien la question de l'injustice qui a motivé Sarah à l'engagement qui est le sien. Elle le répète : « Le droit ne m'intéresse pas, c'est la justice ».

Elle se remémore ses années de juriste avant de devenir avocate : « Travailler pour un cabinet de droit des affaires, c'était l'enfer ! ».

Ses souvenirs sont familiaux, l'exemple vient souvent des parents.

« Je me souviens de certaines nuits où, mystérieuse, ma mère quittait la maison avec mon père. Tous deux allaient accueillir les juifs d'Éthiopie, les Falashas, évacués par l'armée israélienne avant d'être acheminés vers Israël. J'ai entendu des récits atroces de massacres des Falashas, ces juifs descendants de la tribu de Dan.

« Falasha » en amharique signifie « exilé » ou « errant ». C'est étonnant de constater comment un souvenir d'enfance peut marquer toute une vie, et donner un sens, une direction à ce qu'on entreprend… »

J'ai demandé à Sarah quel regard un requérant – un demandeur d'asile – pouvait porter sur les gens qu'il croise en France, sa perception de gens comme vous et moi. Elle m'a alors confié une lettre (réécrite) qui porte témoignage à ce propos.

Pour bien la saisir, il faut d'abord faire une petite mise au point sur le Kurdistan.

Le Kurdistan est divisé entre la Turquie, l'Iran, l'Irak et la Syrie.

Au XXème siècle, les Kurdes ont été persécutés par les États dans lesquels se trouvent les principales populations. La partition de l'Empire ottoman après la Première Guerre mondiale a provoqué la division du Kurdistan ottoman entre l'Irak, la Syrie et la Turquie. La création de ces États-nations impliquait l'assimilation culturelle forcée et l'assimilation linguistique des Kurdes dans les cultures et les langues des Arabes, des Turcs ou des Persans. Outre ces trois groupes, les Kurdes sont le peuple le plus nombreux du Moyen-Orient.

« Les » Kurdistan ont des régimes politiques différents :
En Irak, il est partiellement autonome de facto et de jure,
En Iran de jure,
En Syrie de facto,
En Turquie, il n'y a aucun territoire ni aucune autonomie.
(Source : Wikipedia)

Voici ce que dit cette lettre :

Mon ami, mon frère,

Il existe chez moi des lieux merveilleux. Le soleil réchauffe les voyageurs au pied de collines, bleues le matin, ocres le soir. Le vent emporte les rires comme les larmes dans les déserts de pierres rouges. Mais surtout les gens te sourient, sans te connaître.

Je t'imagine à Paris, dans cet appartement où tu m'as

recueilli un soir, dans cette rue où vont et viennent tant de gens. Si je ne te connaissais pas, je croirais Paris bien inhospitalière. J'ai finalement compris que dans les visages des uns et des autres – celui qui court après un autobus, celui qui sort de la boulangerie – il y a autant d'histoires du bout de la rue qu'il y a d'aventures à travers le monde. Et j'aime beaucoup le nom de ta rue : « Rue du Moulin Vert ».

Et heureusement, ici ou là, on trouve une belle âme comme la tienne pour ouvrir sa porte un soir.

Je venais d'arriver en France, te rappelles-tu ?

Alors que dans mon pays (si j'en ai un !) j'allais être arrêté – mon tour était venu – ma femme m'a supplié, elle a crié ces mots que je ne croyais pas pouvoir sortir de sa bouche : « Va-t'en ! ». Un ami, comme moi membre du HDP (Parti démocratique des peuples, parti politique kurde), avait été emmené au commissariat de Bulanik. La nouvelle avait très vite circulé, tout le monde me disait qu'il ne pourrait pas tenir, qu'il me balancerait. Comment lui en vouloir ?

Vous vous plaignez en France de votre police, en marchant dans la rue entre amis, dans des cafés... Je ne connais pas les affaires exceptionnelles dont tu m'as parlé. Je peux juste te dire que chez moi, c'est le contraire : il n'y a rien d'exceptionnel à la maltraitance en garde à vue et personne n'en parle en public.

Bahar craignait tellement pour moi, elle me manque tant. Nous avons décidé ensemble que je rejoindrais ma famille en France où de nombreux membres ont été reconnus réfugiés. Elle devait se rendre chez son père avec notre enfant. Je l'ai embrassée ainsi que mon fils, si petit, en priant de tout mon cœur que nous soyons réunis à nouveau.

J'ai alors pris la route vers Istanbul et me suis réfugié chez une tante, le temps de trouver un passeur pour quitter la Turquie.

En arrivant ce premier soir à Paris, j'étais à nouveau perdu, je ne trouvais pas mon chemin, aucun proche ne répondait au téléphone et le jour tombait. Je t'ai demandé de l'aide, tu n'as pas hésité. Un quart d'heure après, nous dinions chez toi et j'ai pu parler de mon pays, ses collines et ses déserts.

C'est étonnant Istanbul, comme Paris. Je me souviens t'avoir décrit cette ville quand tu es venu à ton tour dans ma famille retrouvée en France. Nous avons beaucoup parlé et je t'ai raconté Istanbul, ces touristes qui viennent se faire greffer des cheveux, ces hommes d'affaires qui se retrouvent au Pera Palace, ces femmes entièrement voilées qui marchent la main dans la main des minettes aux mini-jupes, ces boutiques de luminaires en enfilade, ces vendeurs de presse-agrumes dans la rue…

C'est le destin des gens sans véritable pays, peut-être, de se retrouver dans des villes étranges, d'avoir cette impression diffuse de n'être nulle part chez soi. Ce ne sont pas ces villes qui sont étranges, c'est moi qui suis un étranger.

Je suis Kurde de Turquie et je suis pourtant bien né quelque part : dans un village, Meşeiçi, perché dans les montagnes, à quelques kilomètres d'une ville kurde, Bulanik. J'ai vécu auprès de mon père, éleveur, et de ma mère qui s'occupait de ma nombreuse fratrie. Nos montagnes sont belles et mystérieuses. Elles abritent des membres de la guérilla qui combattent pour que nous, Kurdes, soyons libres de parler notre langue, de transmettre nos coutumes, de chanter librement nos chants ancestraux, pour que nos droits de citoyens turcs soient reconnus.

Vous aussi, les Français, vous avez le sens de l'engagement. Ce ne sont peut-être plus que des histoires anciennes, de celles que vous ont racontées vos pères et les pères de vos pères, comme chez toi mon ami français.

Mais chez moi il y a de nombreux membres de ma famille qui se sont engagés auprès des Kurdes de Syrie. Ces gens ne sortent pas des livres d'histoire, ils font l'Histoire. Je devrais dire « ils et elles » car la moitié sont des femmes.

Je t'ai parlé des YPG (Unités de protection du peuple). Oui, il y a beaucoup de partis, de groupes, d'associations de toutes sortes chez les Kurdes. Ceux-là viennent essentiellement de Syrie, ils sont en lien avec le fameux PKK (Parti des travailleurs du Kurdistan), dont tu as forcément entendu le nom, puisque les Turcs disent d'eux qu'ils sont des terroristes. En fait, ils se sont engagés là-bas, contre Daesh. En 2014, quand cette bande d'assassins a voulu prendre Kobane, mes amis de l'YPG leur ont barré la route, ils ont sauvé la ville.

Tu l'as compris, depuis que je suis enfant, au plus profond de ma mémoire, il y a des histoires comme celles-ci : l'héroïsme des uns – je pense à mes cousins disparus ou morts sur un champ de bataille –, le martyr des autres, maltraités, insultés, bannis, rejetés.

Pour vous, les Européens purs, les Occidentaux bien nés – et ne le prends pas comme une critique, encore moins un reproche – ces histoires dorment dans vos livres ; pour nous, elles sont dans le flot de notre existence quotidienne. Pour vous un ancien combattant est un vieillard, je ne suis pas sûr que tu en connaisses un toi-même. Je suis un peu plus jeune que toi et ce sont les gens de ma génération qui tombent, comme sont tombés nos pères, et comme je crains que tombent mes enfants.

La guerre n'est pas une fantaisie de cinéma, la répression politique n'est pas un sujet de roman. On parle au quotidien chez nous de ceux qui sont « tombés en martyrs ». Et lors de leurs funérailles, c'est tout un village qui pleure lorsque le corps mutilé du combattant est récupéré. Ils ne le sont pas toujours, il y a autant de disparitions. Ce sont également des mères qui portent le deuil de leur fils dès le moment où ces derniers se sont engagés dans la guérilla, car elles savent qu'inéluctablement, un jour ou l'autre leur fils aussi « tombera en martyr ».

Si l'un est mort à Kobane, un autre est tombé à Erzurum dans un affrontement avec les militaires turcs. Lorsque son corps a été récupéré et ramené dans notre village, des milliers de Kurdes étaient présents.

Tout ne s'arrête pas aux souvenirs, tout ne s'arrête pas avec un martyr, le malheur continue. Au cours des funérailles de nombreux chants ont été entonnés. Mais cela n'a pas plu aux autorités. Nous étions surveillés par des « gardiens du village », des Kurdes travaillant à la solde du gouvernement qui surveillent les manifestations et les réunions et procèdent à des dénonciations auprès des autorités turques.

La Turquie est une vaste prison pour nous. Il y a eu plus de vingt-six mille militants jetés en prison en 2018. Le savais-tu ?

Je me souviens de la violence des forces de l'ordre qui ont arrêté les jeunes pour avoir entonné des chants kurdes, des récits de gardes à vue « musclées », sans avocat évidemment. La police veut des renseignements, toujours. On torture aussi bien pour faire taire que pour faire parler.

À cette époque, je travaillais dans le café de mon oncle, Selahattin, à Bulanik. Lors des élections législatives de 2015, et peu après la tentative de coup d'État de 2016, puis durant la campagne électorale des présidentielles de 2018, il y a eu de nombreuses descentes de police au café : avec mon oncle, nous étions accusés d'être une succursale du HDP, qui est un parti kurde mais qui défend l'ensemble des Turcs, quelles que soient leur ethnie d'origine, leur orientation sexuelle, qui milite en faveur du droit des femmes, des enfants et des travailleurs. Ici on nous compare aux Grecs de Syrisa, pourquoi pas ?

Quand je suis allé dans ta famille, vous avez parlé d'Emmanuel Macron et des partis politiques en France. Vous vous disputez beaucoup et vous avez de la chance. Je sais que tu en es conscient, mais tes amis savent-ils que la France est regardée avec admiration, avec envie. Tu le sais aussi, je ne vous comparerai jamais à des enfants gâtés, je ne dirai jamais que vous ne méritez pas cette liberté, non, mais j'espère que tes amis de France, mes amis maintenant, ne penseront pas que nous méritons ce sort, cette persécution du quotidien.

Je me souviens de mon oncle, dans son café, parlant de ton pays avec des étoiles dans les yeux. De nombreux Kurdes fréquentent cet endroit, et notamment des membres du HDP car le bureau de ce parti à Bulanik est très important. À chaque descente de police ce sont des insultes, des coups, des menaces et des gardes à vue d'intimidation. Tu comprends que notre « rêve français » est bien loin de notre réalité.

Quand un autre de mes cousins, Mithat, membre du PKK, a été tué, mon beau-frère Servet, le frère de mon épouse, s'est engagé à son tour dans la guérilla. Il y a eu alors une descente de police chez moi en 2019. Les forces de l'ordre ont cassé la porte au petit matin et ont investi ma maison. Mon épouse Bahar a hurlé et s'est précipitée vers notre fils. J'ai été jeté à terre alors que les autorités perquisitionnaient mon logement.

En t'écrivant ces lignes, pour le plaisir de passer un peu de temps avec toi, ne serait-ce qu'en imagination, je repense à ces moments bien réels, eux. Je les revis chaque jour : comme je me débats pour protéger Bahar et notre fils Faïk, un membre des forces de l'ordre m'écrase la main violemment avec sa botte, y mettant tout son poids. Je hurle de douleur et j'entends les cris de Bahar et de Faïk. Ma main est fracturée. Pourquoi ? Parce que j'ai osé demander à voir le mandat de perquisition. Un des policiers m'accuse d'être un terroriste et il me frappe violemment. Cette violence augmente d'un cran lorsque les autorités découvrent un drapeau kurde au fond de la pièce principale. Je reçois des coups de pieds, des crachats, des insultes. J'ai peur mais je n'ai pas honte.

Finalement ces agresseurs s'en vont après avoir atteint leur objectif habituel : semer la peur, avec des menaces de représailles. Je me traîne alors vers Bahar, qui sous le choc ne peut prononcer un seul mot. Ce qui me désole le plus, c'est que mon fils de quatre ans ait assisté à cette violence inouïe. Et je me demande quel avenir je peux lui offrir dans un pays qui maltraite ainsi une part de lui-même qui a son histoire et ne demande qu'à bâtir un avenir. Nous sommes le quart de la Turquie, nous pourrions vivre en harmonie, mais le pouvoir ne l'entend pas ainsi, il ne raisonne qu'en domination et en soumission.

Peu de temps après cet événement traumatique, nous apprendrons Bahar et moi que son frère est tombé en martyr. Et son corps n'a pas pu être récupéré.

En 2020, j'ai fermé mon café en raison de la pandémie. Durant tout ce temps, j'ai vécu dans la crainte d'une nouvelle perquisition. Mais je ne voulais pas céder, je me forçais à me rendre régulièrement au bureau du HDP. En hommage aux morts, j'y retrouvais le courage des vivants. Je me disais que les membres de ma famille ou de celle de mon épouse n'avaient pas perdu la vie pour rien.

Tu me connais, ami parisien, je n'ai pas l'âme d'un guérilléro, c'est vrai, mais la solidarité de mon peuple comme celle de ma famille m'ont constitué, nourri, fait grandir. Je suis un maillon de cette chaîne, j'ai un besoin viscéral d'apporter ma contribution à la communauté kurde de mon pays.

Mon oncle, Yakup, a été arrêté en 2021. Une procédure avait été engagée contre lui en 2015 pour aide et soutien au PKK, à la suite des élections législatives qui avaient eu lieu cette année-là. J'ai assisté à son procès. Lui aussi était investi au sein du HDP, il en était un représentant important. Il n'avait jamais combattu auprès du PKK et n'avait jamais apporté d'aide logistique à cette organisation. Il luttait pour un État plus juste et plus démocratique.

Le sentiment d'injustice gonflait mon cœur et il était évident que le gouvernement souhaitait verrouiller l'activité du HDP en s'en prenant à ses membres. Le pouvoir confond facilement ses ennemis en jetant tout le monde dans le même sac, sans faire de distinction. L'opinion publique ne cherche pas la nuance, elle se réfugie derrière les discours simplistes, pour se rassurer sans doute. Voilà pourquoi les oppresseurs n'ont jamais douté que « plus c'est gros, mieux ça passe » comme on dit chez toi.

Tu vois comme tout cela est actuel. S'il y a une chose à dire à ta famille que j'ai rencontrée, à tes amis, c'est qu'ils prennent conscience que ça se passe aujourd'hui. Qu'ils regardent là où le soleil se lève. Là-bas, il est à peine plus élevé mais la vie des femmes et des hommes y est tellement différente.

En 2022, la campagne électorale en vue des élections présidentielles prévues en mai 2023 a débuté. Les autorités poursuivent particulièrement les familles très engagées dans la politique au sein du HDP, comme la mienne. C'est une méthode très courante du gouvernement turc qui fait pression pour qu'elles renoncent à convaincre les Kurdes d'aller voter.

À titre d'exemple, durant cette période, le parti du président turc a demandé la levée de l'immunité parlementaire de Semra Güzel, députée du HDP. Parallèlement plusieurs membres de ma famille ont été arrêtés et placés en garde à vue pendant laquelle ils ont été frappés et humiliés, encore et encore.

Bien souvent, je me sens impuissant, je suis triste, abattu : les bureaux du HDP régulièrement perquisitionnés, les arrestations arbitraires, la crainte omniprésente, le deuil qui nous suit au quotidien. Je me dis que ça ne finira jamais.

Mon peuple a le droit d'exister ! Et je voudrais avoir le droit de le dire, de le clamer !

J'ai donc procédé à de nombreuses publications sur les réseaux sociaux, en parlant du leader emblématique du HDP, Selahattin Dermitaş, emprisonné injustement depuis 2016. Mais dans mon pays, personne n'est libre de publier sur les réseaux des opinions politiques qui seraient opposées à celle du gouvernement. D'ailleurs, en octobre 2022, une soi-disant loi sur la « désinformation » a été approuvée par le Parlement turc qui punit la diffusion de « fausse nouvelle » jusqu'à trois ans d'emprisonnement, sans définir ce qui peut constituer une fausse information… laissant ainsi un large pouvoir discrétionnaire aux autorités avec un risque patent d'arbitraire en période pré-électorale.

J'avais de nombreux abonnés, je publiais beaucoup et j'avais le feu de l'injustice en moi qui ne cessait de me consumer.

J'étais dans mon café quand mon cousin Ecevit – un de plus – a été arrêté chez lui en décembre 2022, au lendemain d'une réunion du bureau du HDP à laquelle j'avais également participé.

Quand je suis arrivé en France, alors que j'étais perdu au premier jour et que j'ai eu la chance de te rencontrer, la peur était encore présente, tu l'as sentie.

Grâce à ton aide, j'ai pu retrouver rapidement les membres de ma famille. Je n'étais pas seul mais j'avais laissé mon épouse et mon fils dans un pays où nul Kurde ne peut vraiment vivre libre.

L'OFPRA n'a pas cru à mon histoire, estimant que j'avais donné peu de détails sur mes opinions politiques, mon engagement et les raisons exactes de mon départ. Pourtant, peu après avoir quitté la Turquie, mon père m'a informé qu'un mandat d'arrêt avait été émis contre moi et que ma maison avait été de nouveau perquisitionnée.

J'ai prié encore et encore pour retrouver mon épouse et mon enfant. Je n'allais pas baisser les bras mais les jours de découragement étaient de plus en plus nombreux.

Alors que je sentais le désespoir me gagner, je me suis adressé à Sarah pour qu'elle me défende. Sarah connait et défend ma famille ici depuis plus de vingt ans maintenant. Elle connait le calvaire des Kurdes engagés politiquement. Elle fait partie de la famille, elle est invitée à nos repas traditionnels et assiste à certains de nos mariages. Elle comprend notre culture et c'est important pour moi d'être entendu avec bienveillance.

Sarah m'a cru sans une hésitation et m'a demandé des détails sur mon histoire auxquels je n'avais pas pensé et qui pourtant étaient enfouis dans ma mémoire. Elle connaissait l'histoire de mes cousins, de mes oncles, de ma famille. Elle m'a dit avant l'audience :

« Montre ta colère, sors le sentiment d'injustice de ton cœur, raconte la violence, la peur, le deuil, les cousins tombés en martyrs, raconte comme si tu y étais encore. Tu es en vie,

tu as un destin à accomplir, tu as ta place dans ce monde et ton nom en langue arabe signifie « heureux », ne l'oublie pas. »

Et cette place m'a été donnée.

Quand je vois les immeubles parisiens, les rues et les gens pressés qui s'engouffrent dans un métro, je ne me dis pas seulement que vous avez de la chance ou que j'en ai également – grâce à toi, grâce à Sarah – je me dis aussi que toi, comme elle, devriez venir voir les collines de mon pays, sentir le vent les balayer de sa lumière bleue, quand la nuit arrive et annonce des jours de paix, des jours heureux. »

Les craintes exprimées s'avèrent cohérentes avec les sources publiques disponibles qui font ressortir la dégradation de la situation des membres du HDP et des personnes considérées comme étant opposées à la politique du gouvernement turc.

Ainsi, le rapport du Conseil de l'Europe, intitulé « Turkey 2020 Report », publié le 6 octobre 2020, souligne qu'en 2019, 1 870 membres du HDP ont été arrêtés et 206 emprisonnés.

8- Moria

Le dernier cas est directement retranscrit par Sarah, elle a voulu en témoigner elle-même avec ses mots.

« Alicia est une jeune femme de vingt-six ans lorsqu'elle vient à ma rencontre. Elle ne me regarde pas. Elle a peur, c'est une évidence. Son assistante sociale, avant notre rencontre, m'a indiqué qu'elle était dans une grande souffrance psychologique et d'une grande méfiance.

En lisant son histoire liée à son périple, je comprends que ses souffrances sont le fait, non seulement de son vécu en République Démocratique du Congo, mais également des maltraitances subies lorsqu'elle a sollicité la reconnaissance du statut de réfugié en Grèce. Je sens au plus profond de moi la nécessité d'évoquer avec elle ses conditions d'accueil en Grèce lors du dépôt de sa demande d'asile, mais aussi de ses conditions de vie après qu'elle a obtenu la protection subsidiaire dans ce pays. Je sais par ailleurs que cette cliente a besoin de temps pour lâcher prise, pour faire confiance, pour renouer avec sa propre humanité.

Ce jour-là j'avais allumé des bougies dans mon bureau. Je pressentais une séance de travail riche en émotions. Le regard dans le vide, Alicia me dit bonjour, très timidement. Je lui parle alors avec beaucoup de douceur, lui dis que je suis son avocate et que je travaille avec ma tête mais également avec mon cœur.

Commencent alors les questions relatives à son enfance et à sa vie dans son pays d'origine. Au départ elle s'exprime sans affect, le regard fixe. Peu à peu, elle raconte son arrivée en Grèce, au camp Moria, puis son transfert à Athènes :

« Le camp Moria était terrible, et à Athènes je n'ai bénéficié d'aucun hébergement. J'étais bien enregistrée comme demanderesse d'asile. Pourtant, malgré le fait que je me sois adressée à plusieurs organismes, je n'avais nulle part où aller. Je n'ai pas eu le choix, je dormais dans des parcs avec ma fille. Une nuit, alors qu'il pleuvait et que je somnolais, ma fille dans mes bras, un homme s'est approché de moi. Il n'était pas grec. Il me parlait dans une langue que je ne connaissais pas mais ce n'était pas du grec. Je ne parlais pas cette langue mais je savais la reconnaitre. J'avais peur et je serrais ma petite fille contre moi. Il s'est jeté sur moi en essayant de m'arracher mes vêtements. Quand je me suis défendue, deux autres hommes sont arrivés et m'ont pris ma fille. L'un d'eux, en brandissant un couteau, m'a fait comprendre par ses gestes qu'ils allaient la poignarder si je ne me laissais pas faire. Chacun d'eux m'a violée ».

Quand Alicia commence, à mots couverts, à décrire le viol qu'elle a subi, je la regarde droit dans les yeux. Silencieusement, mon regard lui dit : j'accueille ce que tu as à me raconter, libère-toi de ce fardeau et de la honte que tu ressens.

D'ailleurs bien souvent, j'ai eu à entendre des récits vraiment difficiles de femmes ayant subi des violences et notamment des violences sexuelles, des femmes qui pensent ne plus rien attendre de la vie. La parole libère et les larmes versées témoignent du traumatisme vécu. Il est important que ces victimes verbalisent l'inénarrable dans mon cabinet afin de pouvoir en parler lors de l'audience. La catharsis est essentielle, à mon sens, et libératoire. Mais ce déferlement d'émotions n'est pas sans incidence sur ma propre psyché.

Une neuropsychiatre m'a expliqué un jour que les médecins et les infirmiers hospitaliers étaient victimes parfois de traumatismes vicariants. Elle m'a indiqué que le travail avec des personnes en état de stress post-traumatique expose les soignants à des risques de « contamination » par le vécu particulièrement douloureux de leurs patients. Selon elle, les avocats de l'asile sont exposés aux mêmes risques dans le cadre de leur travail d'écoute avec leurs clients.

J'encourage Alicia à parler de sa peur, de ce moment terrifiant où elle a cru perdre sa fille et où elle n'était qu'un objet pour ces hommes. Mon cœur se serre lorsqu'enfin elle pleure, comme envahie de compassion pour elle-même.

« Finalement, l'administration grecque m'a donné un logement précaire puis j'ai obtenu une protection subsidiaire. J'ai cru que j'étais sauvée. En réalité ce n'était pas le cas car dès que la décision de protection a été prise, l'administration m'a immédiatement ordonné de quitter le logement que j'occupais avec ma fille et je me suis retrouvée de nouveau dans la rue. Je ne pouvais pas trouver de travail parce je n'avais accès

à aucune formation pour l'apprentissage de la langue grecque et je n'avais personne pour garder ma fille. Je ne voyais aucune solution à ma situation ».

Alicia accepte alors d'être hébergée par un homme grec avec lequel elle s'exprime dans un anglais approximatif. Elle comprend qu'en échange elle sera chargée des tâches ménagères. Au début tout se passe bien. Et puis il va exiger d'elle des faveurs sexuelles. Elle se refuse à lui et, pour se venger, il l'accuse de lui avoir volé de l'argent. Elle prend la fuite. Elle n'a pas le choix. Elle craint vraiment d'être accusée de vol et de ne pouvoir se défendre, faute de moyens et de maîtrise de la langue.

« Je ne connaissais personne, alors je me suis rendue dans une autre ville à environ une heure d'Athènes. J'ai vécu dans la rue pendant un mois ou deux. Je n'avais pas encore reçu les papiers qui reconnaissaient mon statut au titre de la protection subsidiaire. J'étais enceinte et je ne pouvais pas me rendre à l'hôpital car, sans titre de séjour, je ne pouvais bénéficier de la sécurité sociale. Or j'avais des gros problèmes de tension.

Je me suis retrouvée dans un camp de réfugiés et des femmes ont eu pitié de moi. Je ne pouvais pas y demeurer officiellement mais elles m'ont hébergée en cachette quelques nuits en voyant mon état de santé empirer. Puis elles m'ont aidée dans les démarches pour obtenir un passeport, en réalité un titre de voyage en tant que réfugiée. Elles vont créer une « tontine » (association de personnes cotisant à une caisse commune dont le montant est remis à tour de rôle à chacune d'elles) pour que je puisse quitter la Grèce. J'ai pu ainsi acheter un billet – le moins cher. C'est de cette manière que je suis entrée en France. Si je n'avais pas quitté la Grèce, je suis sûre que je ne serais plus de ce monde, ni mon bébé ».

Quand Alicia arrive en France, elle sera prise en charge par une association qui l'accompagnera pour qu'elle puisse être admise à l'Hôpital Mère Enfant à Paris. Elle y sera soignée jusqu'à son accouchement.

L'audience s'est déroulée bien évidemment à huis clos. Je suis rarement angoissée lorsque je plaide, mais là j'avais vraiment des doutes, non pas concernant la sincérité de ma cliente, mais en raison du fait qu'elle avait obtenu une protection dans un pays de l'espace Schengen et qu'a priori, dans la majorité des cas similaires, le résultat est un rejet du recours.

Alors oui, j'avais peur pour Alicia. Je savais également que les raisons pour lesquelles elle avait initialement quitté son pays d'origine étaient relativement peu étayées.

J'ai rarement senti autant d'émotion au cours d'une audience. Alicia était tellement sincère, tellement troublante dans la souffrance qu'elle a pu exprimer. Le cœur des juges semblait également touché.

À chaque question elle a répondu avec force, avec conviction et émotion.

À chaque question et à chaque réponse, ses larmes témoignaient des traumatismes subis, de la violence vécue, de la honte et de l'humiliation ressenties. J'étais bouleversée.

Dans mon recours j'ai cité des sources documentaires indiquant de manière très précise les difficultés auxquelles les demandeurs d'asile et les personnes reconnues réfugiées, ou bénéficiant de la protection subsidiaire, étaient confrontés en Grèce. J'avais l'espoir que les juges reconnaitraient ces difficultés. Dans le dossier d'Alicia, un certificat médical établissait un stress post-traumatique lié au viol subi dans ce pays. Ce document était important puisqu'il venait finalement crédibiliser les déclarations de ma cliente.

Alicia pleure à l'issue de l'audience. Son regard est de nouveau perdu, de nouveau vide. Son audition a duré plus d'une heure trente, une épreuve pour elle.

Nous nous asseyons un instant dans la salle d'attente. Alicia ne parle pas. Puis elle me regarde enfin et, le visage plein de larmes, elle me remercie.

Elle obtiendra la protection subsidiaire trois semaines plus tard. »

La Cour européenne des droits de l'homme (CEDH) traite plus d'une dizaine de dossiers sur les conditions des hotspots de Lesvos, Chios, Samos et Kos.

L'incendie du camp de Moria en septembre 2020 a laissé des milliers de réfugiés sans abri, jusqu'à la construction précipitée du camp temporaire de Mavrovouni, dit « Moria 2.0 ».

Dès septembre 2020, la CEDH avait prévenu, par le biais de mesures provisoires, que les conditions dans le nouveau hotspot n'étaient pas conformes aux droits fondamentaux.

Toute alternative à l'hébergement dans les hotspots a été supprimée en trois étapes : interdiction de financement d'appartements sur les îles dans le cadre du programme Estia financé par la Commission européenne ; fermeture des centres Pikpa à Lesvos et Leros (en violation de procédures de mesures provisoires en cours auprès de la Cour Européenne des Droits de l'Homme) ; fermeture du centre municipal de Kara Tepe à Lesvos.

En parallèle, au moins quatre projets de relocalisation de demandeurs d'asile et de réfugiés vulnérables vers d'autres États membres de l'UE volontaires ont été entamés en 2020.

Fin avril 2021, 3 859 relocalisations avaient été organisées vers une dizaine d'États membres. Cependant le manque de clarté sur les procédures dans ces différents programmes est un enjeu majeur.

De plus, depuis 2020, l'État accentue la pression sur les bénéficiaires d'une protection internationale pour qu'ils soient immédiatement indépendants et autonomes. La « période de grâce » dans le système d'accueil pour les réfugiés a été réduite de six mois à trente jours, sans aucune mesure permettant de garantir la transition vers une intégration durable et réussie. L'exercice des droits sociaux demeure illusoire, en l'absence même des documents requis pour leur mise en œuvre, compte tenu des retards de plusieurs mois – voire plus d'un an – pour la délivrance des titres de séjour.

Dans le cadre de la pandémie de Covid-19, des centaines de bénéficiaires d'une protection se sont retrouvés sans abri à Athènes. Certains ont été transférés lors d'opérations policières dans des camps de la région qui ressemblent à des camps de détention. En tant que « résidents non enregistrés », ils vivent dans la précarité, sans accès aux conditions matérielles offertes aux demandeurs d'asile.

Le seul programme d'intégration, Helios, offre une aide financière temporaire à ceux qui parviennent à obtenir un contrat de bail. Or, plus de 5 324 bénéficiaires ont cessé de recevoir l'allocation. Ces personnes se retrouvent de nouveau sans abri.

Tout en insistant sur l'obligation des réfugiés de s'intégrer rapidement dans la société grecque, l'État a délivré plus de 13 000 titres de voyage aux titulaires de protection internationale depuis l'été 2020, leur permettant de quitter le pays pour une période de 90 jours. Le ministre des Migrations et de l'Asile a confirmé en avril 2021 le départ de réfugiés en possession de titres de voyage vers l'Europe, sans toutefois préciser l'obligation de la Grèce de les réadmettre. Compte tenu des conditions auxquelles font face les réfugiés en Grèce, les réadmissions de titulaires de protection soulèvent des questions importantes en matière de droits fondamentaux.

Le renvoi de réfugiés statutaires vers la Grèce devient un enjeu majeur du régime d'asile européen commun (RAEC). Au moins trois Cours supérieures allemandes (Rhénanie-du-Nord-Westphalie, Basse-Saxe, Rhénanie-Palatinat) ont statué contre les renvois de titulaires de protection vers la Grèce en 2021. Le Conseil d'État néerlandais revoit également sa propre jurisprudence sur la question. Quant à Strasbourg, la CEDH instruit deux requêtes, Darwesh et Alaa Assad, liées au renvoi de réfugiés statutaires des Pays-Bas vers la Grèce.

Références : Minos Mouzourakis, de l'organisation grecque Refugee Support Aegean (RSA).

L'asile en France et en Europe – État des lieux 2021

On l'a vu : le métier de Sarah est une véritable vocation, au sens propre : c'est une voix, un chemin.

Sa problématique est de concilier le droit humanitaire et la politique de l'État français. Arriver à trouver sa place n'est pas si facile :

« Durant les quelques années où j'ai été rapporteur, ma mission était d'instruire les dossiers des demandeurs d'asile ayant formé des recours devant la CNDA, et de les présenter lors des audiences au cours desquelles les intéressés étaient entendus par la formation de jugement. Mais je ne me sentais pas à ma place.

J'avais un sentiment d'injustice, une empathie pour les personnes qui exposaient les raisons de leur fuite et je ressentais une forme de dissonance intérieure. Une petite voix me soufflait que je n'étais pas du bon côté. D'ailleurs ma hiérarchie me reprochait des positions plus humaines que juridiques, le rôle du rapporteur étant de donner une indication des failles dans le dossier présenté. J'étais rebelle à l'autorité, rebelle à une justice qui me paraissait parfois arbitraire et soumise à une politique du chiffre.

Finalement j'ai démissionné après quelques années.

Je souffrais de savoir que ma place était nécessairement ailleurs, que mon destin n'était pas de demeurer rapporteur et que la sécurité de l'emploi ne pouvait primer sur mon bonheur et ma joie. Je savais aussi que je n'en avais pas fini avec le droit d'asile, sans imaginer à l'époque que je deviendrai avocate sept ans plus tard.

Bien que démissionnaire, j'avais conscience de devoir apporter ma contribution en amont. Alors, tout en ayant été embauchée dans un centre de formation où j'enseignais le droit, je me suis investie dans une association qui accompagnait au départ les étudiants étrangers : « Intercapa solidarité étudiants étrangers ». Il s'agissait de les aider à obtenir un titre de séjour.

Par la suite, notre activité s'est élargie à des personnes ayant perdu leur titre de séjour ou en demande de régularisation administrative.

Nous avions également créé une permanence spécifique pour les Algériens lors de la guerre civile algérienne ou « décennie noire », dans les années 90 au cours desquelles l'Algérie était en proie au terrorisme. Nous accueillions des policiers, des magistrats, des artistes, des médecins victimes du GIA (Groupe Islamique Armé) ou du FIS (Front Islamique du Salut). Il était possible alors d'obtenir, via la préfecture, une autorisation provisoire de séjour pour ces personnes particulièrement exposées dans leur pays d'origine.

Au sein d'Intercapa, j'ai trouvé une famille dont les membres étaient très hétéroclites et libres, parfois en marge de la société, mais très courageux, ne craignant pas d'engager des procédures contre les préfectures ni de refaire le monde. Les permanences, tous les samedis, s'éternisaient, mais je commençais à trouver ma place et mon sentiment de solitude intérieure semblait s'apaiser.

Tout en travaillant et en m'investissant au sein d'Intercapa, j'ai commencé à rédiger une thèse en doctorat. Mon travail consistait en l'analyse des critères de crédibilité de la demande d'asile. Je n'étais donc pas en rupture totale avec mon domaine de prédilection.

J'ai prêté serment le 23 mars 2000. Je suis avocate, docteur en droit, et seul le droit des étrangers m'intéresse. Voilà ma place.

Je pense à ma mère qui s'éclipsait la nuit pour apporter une aide logistique aux Falashas qui venaient d'arriver. Et puis, je me sens également fille d'exilés. Du côté de ma mère, avec des arrière-grands-parents italiens qui ont émigré en Tunisie et ont fui la pauvreté. Du côté de mon père aussi, des Algériens lointainement originaires d'Espagne ayant fui l'inquisition.

Je débutais dans un métier difficile car la matière, plus que juridique, a toujours été très politique. Je pouvais également mettre à profit tout ce que j'avais appris à Intercapa au service des étrangers.

Je me souviens de la tristesse lorsque l'un de mes clients, un Kurde de Turquie, a été arrêté le jour de son mariage, au sein même de la mairie, et est décédé d'une crise cardiaque dans les locaux du commissariat où il avait été emmené.

Je me souviens également de la colère ressentie, cette colère que j'ai toujours en moi, et dont le flot est continu, inépuisable, cette colère contre l'absence de compassion, la violence, la bêtise et l'ignorance.

Je me souviens de mon premier client qui a prénommée sa fille aînée Sarah, de mes clients congolais qui m'appellent, pour marquer leur respect, Mama Mapassa (la maman des jumeaux en lingala), des invitations aux mariages ou aux baptêmes.

En 2011, je suis allée au Kosovo, dans la Gora, au sud du pays, petite montagne proche de l'Albanie. Je m'y suis rendue pour aller à la rencontre des Gorani, une ethnie dont les membres ne sont spécifiquement ni Serbes, ni Monténégrins, ni Bosniaques, qui ne parlent pas albanais (pour les générations plus anciennes), et dont la langue, le nachenski, est plus proche du macédonien que du serbe avec de nombreux mots turcs. Je logeais alors chez l'habitant.

Accompagnée d'un guide, je me suis rendue dans chaque village et j'ai pris des notes sur le vécu de ces personnes durant la guerre du Kosovo en mars 1999. Le travail était passionnant, et je me rendrai compte par la suite que vivre quelques jours auprès des Gorani et recueillir leur témoignage sur place m'aidera, m'inspirera dans mes plaidoiries devant la CNDA à mon retour. J'ai perçu la complémentarité d'un travail documentaire et d'une expérience vécue.

Avec le temps j'ai pris un certain recul, j'ai probablement plus d'acuité dans l'évaluation du ressenti de l'autre, et je prends plus facilement « la température » de la formation de jugement lors des audiences. J'ai appris à entendre le non-dit, à transformer une impression en mots.

Je trouve quand même que le droit d'asile s'est réduit à une peau de chagrin. Les requérants ont moins de temps pour préparer leur dossier car les procédures sont accélérées. Un certain nombre de juges ont tendance à penser que le demandeur d'asile est suspect, voire coupable. Mais de quoi ? D'avoir quitté son pays parce qu'il était persécuté, parce qu'il était en danger, parce qu'il ne pouvait imaginer un avenir ?

Pourtant il faut du courage pour quitter son pays, pour quitter sa famille, et une importante dose de désespoir pour braver les dangers du périple engagé. Combien de « migrants » ont perdu la vie sur le chemin de l'exil ? Et pourquoi cette absence de compassion pour ces enfants, ces femmes et ces hommes qui, pour fuir la souffrance vécue dans leur pays d'origine, s'engagent vers une autre souffrance, celle du danger de l'exil ?

Le droit pour moi n'est qu'un instrument pour accomplir ma mission, ici et maintenant, tranquillement et dans le respect de la dignité de mes clients, sans fausse pudeur, ni condescendance ».

Postface

Le droit international sur la question est donc le résultat d'une prise en compte des besoins humanitaires, mais également de l'attachement des États à leur souveraineté.

Aussi la protection accordée est-elle relative. Le sociologue François Héran utilise l'image du « pas de la cigogne » pour décrire l'asymétrie dans le droit à la mobilité : le droit de sortir de son pays ou encore de lever le pied au-dessus de la frontière est garanti (article 13 DUDH), mais celui de le reposer de l'autre côté ou d'entrer dans tout autre pays ne l'est pas.

En effet, lorsqu'une personne arrive en France parce qu'elle fuit des persécutions ou des craintes de persécution dans son pays d'origine, elle a la possibilité de déposer une demande de reconnaissance du statut de réfugié devant l'Office Français de Protection des Réfugiés et Apatrides (OFPRA), ayant en charge l'application de la Convention de Genève.

La Convention de Genève adoptée le 28 juillet 1951 permet à la France et à d'autres pays qui y ont adhéré, de reconnaître le statut de réfugié, et par conséquent d'apporter une protection, à toute personne « qui, par suite d'évènements survenus avant le 1er janvier 1951 et craignant avec raison d'être persécuté du fait de sa race, de sa religion, de sa nationalité, de son appartenance à un certain groupe social ou de ses opinions politiques, se trouve hors du pays dont elle a la nationalité et qui ne peut ou, du fait de ses craintes, ne veut se réclamer de la protection de ce pays ».

Lorsque l'OFPRA rejette la demande de protection d'un demandeur d'asile, ce dernier a la possibilité de former un recours devant la CNDA. Ce recours doit parvenir à cette juridiction administrative dans un délai relativement court et le demandeur d'asile que l'on appellera « le requérant » peut être assisté par un avocat.

Si le requérant obtient le statut de réfugié, la préfecture dont il dépend lui délivrera une carte de résident de dix ans, et s'il se voit reconnaître le bénéfice de la protection subsidiaire, actuellement il obtiendra une carte de séjour pluriannuelle de quatre ans. Dans le cas contraire, il se verra notifié une obligation à quitter le territoire français – la fameuse OQTF - qui peut être contestée devant le Tribunal Administratif.

La Convention de Genève de 1951 protège toute personne qui craint « avec raison d'être persécutée du fait de sa race, de sa religion, de sa nationalité, de son appartenance à un certain groupe social ou de ses opinions politiques ».

De Thierry Lobut

Aux Éditions de l'Astre Bleu

Collection Hélium

12h30 J'ai tué Kennedy

Rien n'arrive par hasard, tout vient à l'heure...
Bastien reçoit un carton en héritage dans lequel photos, notes et lettres vont lui apprendre qui a tué Kennedy.
Derrière ce récit documenté se cache une énigme dans le mystère.
Quand l'heure viendra, vous saurez enfin qui a tiré sur JFK le 22 novembre 1963 à Dallas.

ISBN : 978-2-490021-21-5

Septembre 2021 17,00 €

Toutes nos collections et nos parutions sur notre site

https://lastrebleu-editions.fr

sepec
numérique
Impression & brochage - France
Numéro d'impression : N22242240840 - Achevé d'imprimer : octobre 2024
IMPRIM'VERT®
PEFC
10-31-3532